Studien zum modernen islamischen Orient · Band 7
Das Schamgefühl in der persisch-islamischen Kultur

Danksagung

Für die Unterstützung und Begleitung dieser Arbeit
bedanke ich mich bei Prof. Dr. Rolf Vogt,
Prof. Dr. Thomas Leithäuser,
Prof. Dr. Birgit Volmerg und Prof. Dr. Wilhelm Mader.

Studien zum modernen islamischen Orient Band 7

Mansour Bakhtiar

Das Schamgefühl in der persisch-islamischen Kultur

Eine ethnopsychoanalytische Untersuchung

Die Deutsche Bibliothek – CIP-Einheitsaufnahme
Bakhtiar, Mansour:
Das Schamgefühl in der persisch-islamischen Kultur / Mansour Bakhtiar. –
Berlin : Verl. Das Arab. Buch ; Berlin : Schwarz, 1994
(Studien zum modernen islamischen Orient ; Bd. 7)
ISBN 3-86093-037-0 (Verl. Das Arab. Buch) Pb.
ISBN 3-87997-231-1 (Schwarz) Pb.
NE: GT

Impressum

Mansour Bakhtiar: Das Schamgefühl in der persisch-islamischen Kultur
ISBN 3-86093-037-0
Klaus Schwarz Verlag
ISBN 3-87997-231-1

Verlegt 1994 von
Das Arabische Buch und Klaus Schwarz Verlag
Horstweg 2 Postfach 410240
14059 Berlin 12112 Berlin
Umschlaggestaltung: Hille Jan Breiteneicher (TRAUM & RAUM, Berlin)
Herstellung: Weinert
Printed in Germany 1994

Inhaltsverzeichnis

Vorwort und Einleitung

Ausgehend von der aktuellen iranischen Situation besteht meine Motivation für dieses Thema darin, einen psychologischen Beitrag zum besseren Verständnis der islamischen Revolution von 1979 und der darauf folgenden islamischen Herrschaft zu leisten, die sich nicht ausreichend durch die herkömmlichen politischen Kategorien verstehen lassen.

Für das Verständnis einer Gesellschaft ist die sozio-ökonomische Analyse nicht ausreichend, denn das gesellschaftliche Ganze ist nicht nur ein sozio-ökonomisches Gebilde, sondern zugleich auch ein sozio-kulturelles. Die Herrschaftsstrukturen einer Gesellschaft bestehen nicht nur aus politischen und ökonomischen Strukturen, sondern auch aus psycho-kulturellen Verdrängungs- und Verarbeitungsstrukturen.

Ohne einer dieser Strukturen die Priorität zu geben, z.B. durch Hervorhebung als „Unterbau“, ist mir bewußt, daß diese Strukturen in der Realität ineinander verflochten sind, sich gegenseitig reproduzieren und bei einer isolierten wissenschaftlichen Betrachtung oft die Gefahr der Einseitigkeit bestehen kann.

Die vorliegende Arbeit beschäftigt sich mit einem ethnopsychologischen Problem, das im Rahmen der tradierten sozialen Strukturen des Iran zu begreifen ist. Konkret möchte ich mich auf die Bedeutung der Geschlechtertrennung und der Bedeckung der Frau in der persisch-islamischen Kultur beziehen. Ich möchte zeigen, daß das Phänomen der Zwangsverschleierung keine ausschließlich religiöse Maßnahme der islamischen Obrigkeit ist, sondern an eine bestimmte Sozialisationsform innerhalb einer bestimmten iranischen Familienform anknüpft. Damit meine ich die Sozialisation in der iranisch-islamischen Familie, die hier herrschende Geschlechtertrennung und die daraus resultierende psychische Disposition, die durch die islamische Revolution, vom sozio-kulturellen Gesichtspunkt aus betrachtet, eine überfamiliäre gesellschaftliche Dimension erfahren sollte und zum Teil erfahren hat.

Die Anwendung der psychoanalytischen Theorie ist aus zwei Gesichtspunkten heraus angebracht; erstens, da sie die Entwicklung des menschlichen Seelenlebens als eine psychosexuelle Entwicklung, die ursprünglich mit der kindlichen Sexualität zusammenhängt, impliziert, zweitens, da sie das Unbewußte im menschlichen Seelenleben reflektiert. Methodologisch sind diese psychoanalytischen Theorieansätze auch im Rahmen der persisch-islamischen Kultur und speziell für das Verständnis der Scham bzw. der unbewußten Anteile in den Geschlechterverhältnissen anwendbar. Die Verwendung der psychoanalytischen Theorie in meiner Arbeit meint jedoch nicht die unkritische Übertragung ihrer Begriffe. In der vorliegenden Arbeit habe ich versucht, die Inhalte der verwendeten psychoanalytischen Begriffe gemäß der psychosexuellen Entwicklung des Subjekts im Rahmen einer Wechelbeziehung der familiären Sozialisation mit der kulturhistorischen Entwicklung der iranischen Gesellschaft zu überprüfen.

Eine ethnopsychoanalytische Arbeit wie diese, soll das Unbewußte bei einem psychokulturellen Problem wie der Scham reflektieren können. Es geschieht hier jedoch nicht durch die Psychoanalyse einzelner Iraner - wie es zum Beispiel bei ethnopsychoanalytischen Untersuchungen mancher Psychoanalytiker der Fall ist[1]. Der Zugang zum Unbewußten ist hier für mich als Iraner jedoch möglich zum Teil durch die Empathie der persisch-islamischen Situation. In dieser Hinsicht stehe ich als untersuchendes Subjekt nicht getrennt vom Forschungsobjekt. Eine Erklärung der Situation sollte jedoch über die einfühlende Haltung hinausgehen und mit dem erklärenden Denkprozeß verbunden sein[2]. Mein Ansatz war dementsprechend die Verbindung von empathischer Wahrnehmung mit erklärendem Denkprozeß und hier meine ich speziell die psychoanalytische Theorie Freuds, die ich mir während meines Studiums angeeignet habe. Darüberhinaus ergänzt meine durch langjährigen Aufenthalt im Rahmen der westlichen Kultur erworbene transkulturelle Beobachtungsmöglichkeit die beiden erwähnten Aspekte. Ich hoffe, daß es mir gelungen ist, die Einsicht in den entsprechenden Problembereich der persisch-islamischen Kultur zu gewinnen und die Scham als zentrales psycho-kulturelles Problem, das bei dem Zusammenprall[3] der iranisch-islamischen Kultur mit der westlichen Kultur im Vordergrund stand und, vom psychoanalytischen Gesichtspunkt aus betrachtet, schließlich die islamische Revolution auslöste, hervorzuheben. Denn derselbe psychologische

[1]Hierzu vergl.: P. Parin, 1972
[2]Hierzu vergl.: H. Kohut, 1979
[3]Hierzu vergl.: B. Tibi, 1981

Sachverhalt wird hier in der westlichen Kultur m.E. quasi bewußter erlebt und gehandhabt als in der persisch-islamischen Kultur[4].

Die Kultur ist nicht nur die Herrschaft des Realitätsprinzips. Für die Darstellung der Scham sollte ich, soweit es mein Thema angeht, auch das Lustprinzip in dieser Kultur darstellen. Das geschieht teilweise im Rahmen meiner Analyse des Realitätsprinzips, mit dem das Lustprinzip als die Ursache der Kulturfeindseligkeit in Konflikt steht. Dies geschieht auch bei der Analyse mancher persischer Literatur, persischer Witze, bei denen das Lustprinzip über das Realitätsprinzip triumphiert.

Die vorliegende Arbeit besteht aus drei Kapiteln. Das erste Kapitel beschäftigt sich mit der methodologischen Darlegung dieser Arbeit. Da die persisch-islamische Kultur - wie wahrscheinlich jede Kultur - ohne ein Über-Ich nicht denkbar wäre und das Schamgefühl bzw. die Geschlechtertrennung hier ohne moralische Verbote und Gebote dieses Über-Ichs nicht kontrolliert und bewacht werden kann, also nicht haltbar wäre, habe ich versucht, im zweiten Kapitel über die Analyse der drei psycho-mythologisch wichtigen Momente der Schia dieses Kultur-Über-Ich in der persisch-islamischen Kultur anschaulich zu machen. Das dritte Kapitel beschäftigt sich dann mit der Schamproblematik in dieser Kultur.

Die religiös-mythologischen Bilder der Schia als einer **Erlösungsreligion**, ihre personifizierten psychischen Konstrukte - die Imame und ihre Nachfolger - sind u.a. auch die Projektion der individuellen Kindheitserlebnisse ihrer Konstrukteure, ihrer Vermittler und ihrer Anhänger. Speziell geht es dabei aufgrund der mangelnden Sublimierungs- und Verinnerlichungsprozesse in der ödipalen Phase und wegen der bestimmten islamischen Sozialisationsform der Geschlechtertrennung und der damit zusammenhängenden verstärkten homosexuellen Bindung an den Vater, um die Beibehaltung und die Reaktivierung des nicht ausreichend überwundenen Vater-Sohn-Konflikts der Anhänger. Das Über-Ich ist bei dem iranisch-islamischen Anhänger externalisiert und stets von der personifizierten autoritären Instanz, die in der Schia-Religion die Vermittler-Rolle zwischen dem Gott und dem Schia-Anhänger übernimmt (Imame, ihre Nachfoger, heute Ayatollah Khomeini) ersetzt.

[4]Hierzu vergl.: G. Devereux, 1978

Die Ambivalenz des schiitischen Glaubens gegenüber dem Urislam kann man bei der Umwandlung der Bedeutung der Gerechtigkeit in der Schia-Religion feststellen. Die Gerechtigkeit hatte im Koran eine zentrale Bedeutung. Sie bedeutet Unterwerfung gegenüber Allah, Gott. Die Schiiten glauben jedoch an die vorbildliche Erfüllung der Gerechtigkeit im Ursprung des Islam und besonders unter der Imamatsherrschaft des ersten Imam Ali, als der Islam schon - historisch gesehen - politisches Herrschaftssystem geworden war. Hier wird zum ersten Mal im schiitischen Islam ein Nachfolgerecht für die Imame als Nachfolger des Propheten Mohammad aufgrund der Sündlosigkeit der Imame postuliert. Bei dem *wilayat* (Herrschaftsrecht der Imame) weist der schiitische Glaube gegenüber dem Urislam einen Konflikt auf. Im Gegensatz zum Sunniten glaubt der Schiite, daß Mohammad die Imame als seine Erben und Bevollmächtigten bestimmt habe. Gerecht sei es, wenn die Weltherrschaft den Imamen gehöre.

Ich habe versucht, im zweiten Kapitel zu zeigen, daß der schiitische Glaube aufgrund der Ambivalenz, vom koranischen Standpunkt aus, unbewußt eine antiislamische Position darstellt.

Mit dem Martyrium des dritten Imam hat die Bedeutung der Gerechtigkeit für die Schiiten eine apokalyptische Umwandlung erfahren. Der Wunsch der Schiiten nach einer Gerechtigkeitsherrschaft der Imame konnte jedoch nach dem Martyrium des dritten Imam noch angesichts der Existens seines Nachfolgers aufrechterhalten werden. Das Martyrium des dritten Imam bedeutet, durch den Tod und die Opferbringung den Endsieg dauerhaft zu machen. Die Tragödie von Kerbela hat durch ihre psycho-mythologische Wirkung eine religiös-kulturelle Bedeutung bei der „Schuldreinigung“ und der Mobilisierung der schiitischen Massen im Kampf gegen die Tyrannei und die Unterdrückung.

In der dritten Episode der schiitischen Mythologie vom Verborgenen Imam wird die Hoffnung auf eine Gerechtigkeit, d.h. auf die Machtübernahme des Verborgenen Imam auf eine ferne Zukunft verschoben. Der letzte (verborgene) Imam habe sich verborgen, um wieder zu kommen und die Welt zu erlösen, wenn diese voller Ungerechtigkeit sei. Der Gerechtigkeitswunsch des schiitischen Anhängers soll mit dem Wiedererscheinen des zwölften Imam in Erfüllung gehen. Das bedeutet den Endsieg gegen die Tyrannei und die Wiederherstellung der ewigen Gerechtigkeit.

Im zweiten Kapitel habe ich versucht, zu zeigen, daß der schiitische Anhänger aufgrund des externalisierten Aspekts seines Über-Ichs, wie er hier oben kurz dargestellt wurde, in seiner Religiösität durch das *Taghlid* (Nachahmungs)-prinzip von der historisch-mythologisch entwickelten schiitischen Elite (Ursprünge der Nachahmung) abhängig bleibt, die für ihn die Gewissensfunktion übernimmt.

In der islamischen Massenbewegung von 1979 und der darauf folgenden islamischen Republik gewann Ayatollah Khomeini aufgrund der politischen und charismatischen Entwicklung seiner Persönlichkeit und in Bezug auf die iranisch-schiitische Tradition die Führer-Rolle mit einer starken Gewissenfunktion für seine Anhänger.

Ich habe im letzten Abschnitt des zweiten Kapitels versucht darzustellen, daß die Verwestlichung Irans im zwanzigsten Jahrhundert unter der Pahlawi-Dynastie (1921-1979) und die staatlichen Säkularisierungsversuche zur Entstehung einer westlichen Kultur bzw. einer modernen städtischen Bevölkerungsschicht im Iran geführt hat. Dies hat einen psycho-kulturellen Widerspruch innerhalb der iranischen Gesellschaft hervorgerufen, der wesentlich zu der islamischen Revolution beitrug.

Aufgrund der herrschenden Sozialisationsform in der islamisch-traditionellen Familie, aufgrund der Geschlechtertrennung und der Abhängigkeit vom ödipalen Vater, aufgrund der mangelnden Sublimierungs- und Verinnerlichungsprozesse bei der Über-Ich-Bildung haben die gesellschaftlichen Reformen bzw. die demokratischen Bewegungen (1906, 1953, 1979) scheitern müssen; dagegen konnte die totalitäre islamische Bewegung siegen. Doch aufgrund der Ambivalenz gegenüber dem Vater sollte sich die islamische Revolution bzw. die Islamisierung der iranischen Gesellschaft teilweise ins Gegenteil umkehren. Einerseits entstand gegenüber dem entmachteten Vater (Schah) und der verlorenen Ordnung ein Schuldgefühl, andererseits entwickelte sich der große Bruder Ayatollah Khomeini, der als Erlöser und unerbittlicher Kämpfer gegen den Schah betrachtet wurde, zu einem neuen unterdrückenden und gehaßten Vater. Die islamische Revolution erwies sich als eine „verratene Revolution"[5]. Sie wollte die Gesellschaft islamisieren; man kann schon angesichts ihrer Tendenzen prognostizieren, daß sie die Voraussetzung dafür

[5] Hierzu vergl.: H. Marcuse, 1959

schafft, woran die Pahlawi-Dynastie gescheitert ist, nämlich die Säkularisierung der Schia im Iran.

Im dritten Kapitel dieser Arbeit habe ich versucht, den Begriff der Scham, der aufgrund der Geschlechtertrennung für das jeweilige Geschlecht verschiedene Bedeutung hat, in der persisch-islamischen Kultur zu präzisieren. Die Scham bedeutet für die Frau die präödipale Reaktionsbildung gegen die Zurschaustellung bzw. das Gesehenwerden des Körpers (des Genitals). Sie, die Scham, steht in Verbindung mit dem Über-Ich-System bzw. mit dem Schuldgefühl. Das Über-Ich verbietet mit einer religiös-rationalen Begründung (Rationalisierung), warum die Frau sich vor dem Blick des fremden Mannes verstecken muß. Die primäre Sozialisation in der islamischen Familie für die Frau läuft darauf hinaus, ihre sexuelle Neugier zu hemmen und durch ihre sexuelle Unwissenheit sie als Jungfrau, d.h. sexuell unberührt, für das Haus des Ehemannes vorzubreiten.

Für den Mann ist die Scham mehr das Minderwertigkeitsgefühl, das aufgrund der Idealverletzung auftritt. Der Mann schämt sich wegen seiner Frau (*namus*), wenn diese von dem fremden Mann unverschleiert angeschaut - sexuell begehrt - wird. Das bedeutet für ihn, das Gesicht (*aberu*) zu verlieren. *Ghejrat*, das Ehrgefühl des Mannes, stellt die Identität der Männlichkeit für den iranisch-islamischen Mann dar. Sie läuft hauptsächlich darauf hinaus, die Ehefrau (*namus*) vor dem sexuellen Begehren des fremden Mannes (*namahram*) zu schützen.

An dieser Stelle meiner Arbeit habe ich einen kulturhistorischen Exkurs über die Entwicklung der Geschlechtertrennung bzw. Schleiereinführung in der islamischen Kultur eingefügt. Hier versuche ich zu zeigen, daß die heute herrschende islamische Sozialisationsform bzw. die Geschlechtertrenung die Folge einer psycho-kulturellen Entwicklung ist, die auf eine Anordnung der Verschleierung zurückgeht, die einst von der islamischen Obrigkeit, d.h. von Königen, Kalifen und islamischen Machthabern für ihre eigenen Frauen getroffen wurde.

Es wird ebenfalls gezeigt, daß die Etablierung der Schia-Religion und -Kultur unter der Safawiden-Herrschaft (1501-1722) im Iran mit der Wiedergewinnung der Identität eines mächtigen Zentralstaates, der nach dem Einbruch des Islam zum ersten Mal wieder über den ganzen Iran herrschen konnte, einherging. Die Identifikation mit einem starken Vater-Staat ermöglichte die Aufnahme der schiitischen Kultur im Iran.

Am Anfang des zwanzigsten Jahrhunderts wurde die westlich-orientierte Kultur im Iran aufgrund der Identifikation und Nachahmung des technisch-wissenschaftlich ausgerichteten Westens aufgenommen. Beim darauf folgenden Zusammenprall der westlich-orientierten und der persisch-islamischen Kultur ging es - vom psychoanalytischen Gesichtspunkt aus betrachtet - um die Entmachtung des Vaters (der Geistlichkeit) und um den Verlust der kulturellen Ordnung, speziell um den Verlust der kulturellen Geschlechtertrennung, was die Gefahr der Kastration und das Schuldgefühl für den Mann intensivierte.

Die Kehrseite der Scham und der psychokulturellen Zurückhaltung des persisch-islamischen Mannes ist seine Schaulust. Sie ist in dieser Kultur aufgrund der spezifischen Sozialisation bzw. Geschlechtertrennung stark sexualisiert und ist als die ambivalente, jedoch verpönte Kehrseite der vorgeschriebenen sexuellen Enthaltsamkeit in der Öffentlichkeit bemerkbar. Nach einem persischen Sprichwort ist „der visuell-sexuelle Genuß die Hälfte des sexuellen Genusses." Bei diesem psychischen Sachverhalt ersetzt die erogene Zone Auge das männliche Genital, das überall da bei der (religiös-kulturellen) Schwester oder ödipalen Mutter eindringt, wo ein zu bedeckendes Körperteil zufällig entblößt ist.

Am Schluß des dritten Kapitels habe ich versucht darzustellen, daß der auf dem Lustprinzip beruhende Voyeurismus des persisch-islamischen Mannes als eine kulturfeindliche Haltung nicht nur seine Kastration verleugnen, sondern weitestgehend auch das Ganze umdrehen und durch die sexuelle Besetzung der ödipalen Mutter (sog. Kulturschwester) den ödipalen Vater aktiv-homosexuell besetzen bzw. kastrieren will. Im Hinblick auf die starke homosexuelle Bindung an den Vater bedeutet die ödipale Mutter für den rivalisierenden Sohn einen sexuellen Teilaspekt des Vaters. Die sexuelle Besetzung der Mutter impliziert dann die homosexuelle Besetzung des Vaters mit dem Wunsch, ihn zu kastrieren. So stellt der Sohn in der Rivalität mit dem Vater seine Männlichkeit unter Beweis. Andererseits sichert der auf dem Realitätsprinzip beruhende, gegenseitige Verzicht auf die fremden Frauen (sog. Schwester) in der persisch-islamischen Kultur das Ehrgefühl (*gheirat*) des Mannes.

Die anderen Quellen für die Analyse der starken Schaulust in dieser Kultur sind Witze, Literatur und Kunst. Fast bei allen persischen Alltagswitzen geht es um die Beschreibung einer sexuellen Szene. Bei der Erzählung dieser Witze und Zoten triumphiert das Lustprinzip über das Realitätsprinzip, indem die Schaulust sich auf die sexuelle Szene richtet, ohne jedoch die Kultur in Gefahr zu bringen. Die Beispiele der persischen Miniatur-Malerei sind nicht nur die Produkte der sublimierten Schaulust, sondern eine Gruppe von ihnen beinhaltet durch die Zurschaustellung der Sexualität die sexuelle Schaulust und die sexuelle Wißbegierde

In vielen Liebesgedichten von Hafis, dem berühmten persischen Dichter (1314-1389 n.Chr.), aber auch bei vielen anderen persischen Dichtern handelt es sich um eine starke Sehnsucht, die Geliebte zu sehen. Die aufgrund der strengen Realität verbotene Schaulust realisiert sich in der dichterischen Phantasie als Hymne auf die Schönheit.

> Ich kann nichts als meine Liebe ihm im Geheimen
> weihen,
> Nähe, Kuß, Umarmung werde ich - wozu dichten? - nie
> erreichen!

1 Die methodologische Darlegung der Kulturpsychologie

Die Psychologie der Kultur als selbständige Wissenschaft ist relativ jung, ihre Geschichte reicht auf die Psychoanalyse Freuds zurück. Seit dieser Zeit versucht man, andere Kulturen oder kulturellen Phänomene auch psychoanalytisch zu interpretieren. Zwei Hauptfragen stellen sich in diesem Zusammenhang von selbst: zum einen, kann die Psychoanalyse überhaupt zu gesellschaftlichen Phänomenen wie der Kultur gültige Aussagen machen? Zum anderen, ist eine psychoanalytische Theorie der Kultur universell gültig? Für diesen Zweck ist es deshalb zuerst angebracht, den Beitrag der Psychoanalyse zu der Kulturpsychologie und die logischen Grundlagen der Psychoanalyse selbst darzustellen.

1.1 Der psychoanalytische Ansatz bei der Interpretation kultureller Phänomene

Die psychoanalytische Theorie differenziert m.E., ohne es jedoch explizit darzustellen, die Entstehungsursache bzw. -geschichte der Kultur und ihre Funktion. Die „Urhordentheorie“ in „Totem und Tabu“ (1912) bezieht sich überwiegend auf die Entstehung (Vatermord, Schuldgefühl, Kulturentstehung) der Kultur, während „Das Unbehagen in der Kultur“ (1929) eine umfassende Theorie der Funktion der Kultur darstellt. Die Funktion der Kultur ist die auf subjektive (individuelle) Struktur, und ihre Entstehung dagegen auf die objektive Struktur der Gesellschaft zurückzuführen.

Solche Differenzierung ist bei der psychoanalytischen Religionstheorie - z.B. beim „Mann Moses...“ (1939) und bei „Der Zukunft einer Illusion“ (1927) - sehr schwer vorstellbar. Die religiösen Vorstellungen als subjektive Strukturen kann man sehr schwer von ihrer historischen Wahrheit - z.B. religiös-politischer Entwicklung - bzw. ihrer mythologischen Entwicklung trennen. Die Funktion der Religion ist mit der Religionsentstehung, ihrer Ursache und Geschichte im Glaubenssystem und für den Gläubigen eng verbunden. Ein Kulturträger soll eigentlich im Gegensatz zum Gläubigen nicht über den Ursprung und den Entstehungsgrund seiner kulturellen (irrationalen) Verhaltensweisen Bescheid wissen, obwohl solche kulturellen Verhaltensweisen, die heute unbewußt sind, bei ihrem Ursprung und ihrer Entstehung rational begründet waren.

Da den beiden psychoanalytischen Erklärungsversuchen, dem der Entstehung und dem der Funktion, die ontogenetische Theorie zugrunde liegt, daß die Kulturentstehung und -funktion beide ontogenisiert werden, werden sie bei der Kritik nicht differenziert betrachtet. Der kritische Satz Adornos: „Geschichtliches wird (bei Freud) invariant, Seelisches dafür zur historischen Begebenheit.“[6] trifft vielmehr auf die Freudsche Auffassung von der Entstehungsgeschichte der menschlichen Kultur zu, die er anhand der psychoanalytischen ontogenetischen Theorie enthistorisiert bzw. anthropologisiert.

Die Kulturentstehung ist eine historisch-gesellschaftliche, ihre Betrachtungsweise eine gesellschaftstheoretische und die mit ihrer Entstehung zusammenhängende Auswirkung und Funktion der Kultur beim Individuum ein subjektiver Prozess. Ausgehend von der individuell-psychologischen Bestandsaufnahme der subjektiven Struktur der Kultur eine pseudohistorische Theorie der Kultur wie die „Urhordentheorie“ zu entwickeln, ist ein fehlerhafter Versuch, der den Gegensatz von Individuum und Gesellschaft und ihre unterschiedlichen Grundlagen übersieht. Damit versucht die Psychoanalyse unter einen Hut zu bringen, was prinzipiell zwei verschiedenen theoretischen Bezugsrahmen entspricht.

Die Kultur in ihrer funktionellen Beschaffenheit ist im psychoanalytischen Denksystem eine neurosenähnliche subjektive Realität: sie ist neurosenähnlich, da sie sich auf Triebverzicht aufbaut und ihr Fortschritt mit der Zunahme der Ansprüche der Verdrängung bzw. mit der Einschränkung der sexuellen Befriedigung, aber auch mit der Sublimierung einhergeht; sie ist eine subjektive Realität, da sie als subjektive Struktur des Individuums und so beschaffen nicht außerhalb des Individuums besteht. Wenn die Phänomene Kultur und Religion und andere gesellschaftliche Phänomene in der Psychoanalyse ontogenisiert werden, geschieht dies deshalb, weil in der psychoanalytischen Betrachtungsweise das Subjekt den Mittelpunkt des psychischen Geschehens darstellt und diese Phänomene als seine subjektive Struktur betrachtet werden. Ist das menschliche Kind ursprünglich triebhaft, wird dieses Prinzip in

[6]Hierzu vergl.: Th. W. Adorno, S.61, 1955

seiner psychosexuellen Entwicklung dem Realitätsprinzip unterworfen und das Kind zur Kultur erzogen. Seine Kulturfeindseligkeit als Folge des Lustprinzips bleibt in der Kultur erhalten und prägt seine ambivalenten kulturellen Verhaltensweisen mit.

Während die ödipale Phase als Ablösungsprozeß des Kindes von seinen Eltern als primären Sexualobjekten und das Über-Ich als Erbe des Ödipuskomplexes von der Psychoanalyse[7] hervorgehoben wird, wird die Adoleszenz des Pubertären als Integration in die Kultur als seine Enkulturierung betrachtet.[8]

Die Wahrnehmung der äußeren Realität, im psychoanalytischen Denksystem, die Wahrnehmung der Welt der Objekte durch das Ich ist m.E. stets mittelbar, sie ist bedingt bzw. beschränkt durch die verbietende und gebietende Zensur des Über-Ichs. Der Umgang mit der äußeren Realität geht für das Subjekt mit der Internalisierung der elterlichen Verbote und Gebote einher.

Das Über-Ich beinhaltet jedoch nicht nur die elterlichen Verbote und Gebote, in näherer Betrachtung sind diese selbst die Verbote und Gebote der Kultur. Das Über-Ich des Subjekts impliziert im psychoanalytischen Sinn auch das Kultur-Über-Ich. Die bedeutendste Aussage der psychoanalytischen Kulturtheorie ist m.E. ihre Aussage über das Kultur-Über-Ich.

Die gesellschaftlichen Gebote und Verbote werden jedoch in der psychoanalytischen Theorie nicht in den Zusammenhang der politischen und sozialen Machtverhältnisse gebracht. Die Psychoanalyse erfasst diese Verbote und Gebote nicht in ihren Ursachen, sondern in ihren Auswirkungen bei den Individuen. Ihre Kritik an der Sexualmoral der Gesellschaft geschieht vom Gesichtspunkt der Gesundheit bzw. der Krankheit aus. Die Gesundheit ist in der psychoanalytischen Theorie, wie dies von Schülein bemerkt worden ist, gleichbedeutend mit der Anpassungsfähigkeit an die bestehenden Gesellschaftsverhältnisse.

Die Kultur als subjektive Realität soll, wie es aus der psychoanalytischen Theorie hervorgeht, zwischen der objektiven Realität der menschlichen Trieb-

[7]Hierzu vergl.: S. Freud, „Das Ich und das Es" (1923)
[8]Hierzu vergl.: M. Erdheim, 1982

haftigkeit und ihrer Befriedigung vermitteln. Die Triebhaftigkeit des Subjekts ist in der psychoanalytischen Theorie eine objektive Realität ; sie besteht beim Menschen als ein ursprünglich-biologisches Grundbedürfnis. Die psychoanalytische Trieblehre ist eine metatheoretische Hypothese, mittels deren der Zusammenhang des objektiven Biologischen und des subjektiven Psychischen zu erklären versucht wird. Wenn die Psychoanalyse ihr Gebiet bei der Erklärung der psychischen Phänomene aufgrund der Beschränktheit ihrer Begriffe verlassen muß, wird der psychoanalytisch-biologische Grenzbegriff „Trieb" eingesetzt. Die Psychoanalyse Freuds sucht ihr Komplementärverhältnis als ursprüngliche Naturwissenschaft im Gegensatz zu ihren Nachfolgern bei der Biologie. Als ursprüngliche Naturwissenschaft hat die Psychoanalyse in ihren Anfängen versucht, ein naturwissenschaftliches Bild von physiologischen Vorgängen der menschlichen Psyche zu entwerfen[9]. Sie hat dieses Bild jedoch unvollständig gelassen und es später durch die Triebtheorie ersetzt, ohne den Trieb biologisch und physiologisch präzis und ausreichend erklären zu können. Die Sexualität des Menschen als Grundbedürfnis bzw. der Drang ihrer Befriedigung ist für die Psychoanalyse eine unbestreitbare Annahme, eine losgelöst von ihrer Befriedigungsform bestehende objektive Realität.

Die Psychoanalyse hebt die sexuelle Befriedigung selbst bzw. ihre Verdrängung als Hauptmotor der psychosexuellen Entwicklung des Menschen hervor, die schon mit der Kindheitsentwicklung einhergeht.

Die Produktionsweise bzw. -verhältnisse wird im Gegensatz zu historisch-materialistischen Theorie im psychoanalytischen Denksystem nicht reflektiert. Der Begriff der externen Realität bleibt in ihr - wie schon von manchen Kritikern (Schülein) mit Recht bemerkt worden ist - einheitlich und ahistorisch. Für die psychoanalytische Betrachtungsweise ist die Familie entscheidende soziale Einrichtung der Vergesellschaftung des Individuums. Die psychoanalytisch aufgefaßte Familienstruktur bleibt Basis für die für sie einheitlich aufgefaßte Gesellschaft und ihre sozialen Einrichtungen. Die Familie ist für sie hauptsächlich die ödipale Dreiecksituation (Mutter- Vater-Kind), ohne daß ihre gesellschaftlich-historische Bedeutung mitreflektiert wird. Die Gesellschaftsauffassung der Psychoanalyse ist eine quantitative. Die Gesellschaft ist für sie eine Summe von Individuen, während der Unterschied von

[9]Hierzu vergl.: S. Freud, 1895

Gesellschaft und Individuum in der Tat ein qualitativer Unterschied ist. Die Psychoanalyse operiert, wenn man sie von ihrer logischen Grundlage aus betrachtet, mit zwei Hauptbegriffen, Subjekt und Objekt.

Während das psychoanalytische Objekt als „Liebesobjekt", „narzißtisches Objekt", „Haßobjekt", Rivalitätsobjekt" oder „Identifikationsobjekt" für das Subjekt stets ein Objekt bleibt, also im Gegegensatz zu der dialektischen Auffassung ein einheitlicher Begriff ist, ist die psychoanalytische Auffassung von Subjekt eine dialektische. Durch die Feststellung des Systems des Unbewußten hebt die Psychoanalyse hervor, daß das menschliche Subjekt nicht Herr in seinem eigenen Hause ist. Es ist in sich zerteilt in das Ich, das Es und das Über-Ich. Das Ich liebt nicht nur das Liebesobjekt, sondern es wird auch vom Über-Ich geliebt oder auch gehaßt. Das psychoanalytische Subjekt ist das Ich, das jedoch selbst z.T. von den Triebimpulsen, unbewußten Wünschen und Phantasien des Es motiviert in seiner Handlung vom moralischen Über-Ich eingeschränkt wird.

1.2 Das Gesellschaftsbild der Freudschen Theorie

Bei den Kritikern und Erneuerern der Psychoanalyse gibt es die Tendenz, sie anhand bestimmter Gesellschaftstheorien zu soziologisieren. Die Psychoanalyse kann als Psychologie des Subjekts (Individualpsychologie) einer umfassenden Gesellschaftstheorie ihren Beitrag leisten, sie kann diese jedoch nicht vertreten, wie umgekehrt eine Gesellschaftstheorie sie nicht ersetzen kann, denn der Unterschied von Gesellschaft und Individuum ist qualitativ. Die seelischen Konflikte des Individuums sind ursprünglich gesellschaftlicher Natur. Dies bedeutet jedoch nicht, daß das Individuum ein Kleinformat der Gesellschaft und seine Konflikte Abbild deren Widersprüche wären, wie umgekehrt die Gesellschaft keine quantitative Summe der Einzelnen und ihre Probleme nicht die des Individuums sind. Th.W. Adorno formuliert die Reproduktion gesellschaftlicher Konflikte im Individum folgendermassen:

> *Psychodynamik ist die Reproduktion gesellschaftlicher Konflikte im Individuum, aber nicht derart, daß es die aktuellen gesellschaftlichen Spannungen bloß abbildete. Sondern es entwickelt auch, indem es als ein von der Gesellschaft Abgedichtetes, Abge-*

spaltenes existiert, nochmals die Pathogenese einer gesellschaftlichen Totalität aus sich heraus, über der selber der Fluch der Vereinzelung waltet.[10]

Einer der Kritiker der Psychoanalyse, der die Psychoanalyse nicht als „bürgerlich" ablehnt, sondern durch seine „solidarische" Kritik „ein Stück Selbstreflexion, welches Freud selbst nicht leisten konnte"[11] , nachweisen will, ist J.A. Schülein. Er will zeigen, daß die Freudsche Theorie auf der Grundlage der bürgerlichen Gesellschaft sich von der ontogenetischen Theorie zu der Kulturtheorie entwickelt habe, ohne jedoch - und das ist seine Hauptkritik - die Widersprüche der Gesellschaft mitreflektiert zu haben. Im Gegenteil, Freud habe, was die Gesellschaft und Kultur anbelangt, ontogenisiert. Das gesellschaftliche Ganze habe er personalisiert, d.h. die gesellschaftlichen Prozesse als Beziehung von Personen gesehen. Nach Schülein ist die Freudsche Auffassung von der Gesellschaft eine „vortheoretische Gewißheit"und keine Gesellschaftstheorie. Er stellt die vortheoretische Gewißheit folgendermassen dar:

Die vortheoretische Gewißheit ist daher in gewisser Hinsicht nicht der Ansatz zur Interpretation sozialer Zusammenhänge, sondern bereits deren Ausdruck in vermittelter Art und Weise. In ihr kommen gesellschaftstheoretische Positionen zum Ausdruck, die demjenigen, der sie vertritt, nicht als solche bewußt sind. Insgesamt sind sie durch die Tendenz gekennzeichnet, das Soziale zu entqualifizieren und zu entproblematisieren, weil sich in ihnen, wie sich am Beispiel der Rollenverteilung zwischen Mann und Frau zeigt, die Wirklichkeit quasi in die Theorie fortsetzt, ohne daß dabei ihre Widersprüchlichkeit realisiert würde. Sie systematisieren Erfahrungen und Verhaltensnormen, ohne ihre immanenten Strukturen zu erfassen und bringen dann die sozialen Tatbestände in einer Sprache zum Ausdruck, die deren genuin sozialen Charakter verhüllen.[12]

---

[10]Th.W. Adorno, S.57, 1955

[11]Hierzu vergl.: J.A. Schülein, S.8, 1975

[12]J.A. Schülein, S.96, 1975

Die Bedeutung der „Drei Abhandlungen der Sexualtheorie" (1905) Freuds, die sich allgemein mit der individuellen Ontogenese beschäftigt, wäre nach Schülein darin zu sehen, daß sie die empirischen Ergebnisse der Psychoanalyse mit den Inhalten und Strukturen der vortheoretischen Gewißheit vermittele. Dadurch rücke das Problem des Verhältnisses von Sexualität und Kultur in den Brennpunkt des Interesses. „Die kulturelle Sexualmoral und die moderne Nervosität" (1908) wäre dann nach Schülein die erste kulturelle Arbeit Freuds.[13].

Die zentrale Annahme Freudscher Theorie wäre nach Schülein die Interessenidentität zwischen Einzelnen und Allgemeinen[14] , die Interessenidentität zwischen Gesellschaft und Individuum; oder die rationale Interessenidentität von Kultur und Individuum, weil Kultur - so Schülein über Freud - die Vertretung der rationalen Interessen aller sei. [15] . Aufgrund dieser zentralen Annahme stelle Freud die Antinomien des Bestehenden im Individuum dar. Die Tatsache der Verlagerung des sozialen Geschehens ins Individuum[16] läßt nach Schülein einen Einheitsbegriff von Gesellschaft[17] und von der Kultur in Freudscher Theorie feststellen.

Während die interne Realität bei Freud der Schauplatz des psychischen Geschehens ist[18] , so Schülein, bleibt die externe Realität bei ihm als unabänderliche Natur. Durch die Übertragung von libidoökonomischer Dynamik der Ontogenese auf die Gattungsgeschichte wird die externe Realität nach dem Prinzip der internen dargestellt. So geschieht es z.B. mit der Zwangsneurose und der Religion[19].

Trotz seiner berechtigten Kritik an Freudscher Gesellschaftsauffassung ist das Hauptproblem bei Schüleins Überlegungen m.E. das, daß er methodologisch die Divergenz der beiden Bereiche, Individuum und Gesellschaft, bzw. die Grenze der Aufgabenbereiche der beiden sich mit diesen beiden Wissenschaftsgegenständen beschäftigenden Theorien zu eskamotieren versucht,

[13]Hierzu vergl.: J.A. Schülein, S.113, 1975
[14]Hierzu vergl.: J.A. Schülein, S.109, 1975
[15]Hierzu vergl.: J.A. Schülein, S.164, 1975
[16]Hierzu vergl.: J.A. Schülein, S.119, 1975
[17]Hierzu vergl.: J.A. Schülein, S.168, 1975
[18]Hierzu vergl.: J.A. Schülein, S.125. 1975
[19]Hierzu vergl.: J.A. Schülein, S.129, 1975

indem er durch seine kritische Arbeit aus der Psychoanalyse eine umfassende Gesellschaftstheorie zu strukturieren anstrebt. Schülein übersieht, daß die Interdependenzen und Widersprüche realer sozialer und historischer Totalitäten entsprechend der oben zitierten Ansicht Adornos nicht unverwandelt und direkt ins Individuum vermittelt würden und sie auch nicht als solche zu begreifen sind. Er läßt außer Acht, daß - wie Adorno es bemerkt - konkrete gesellschaftliche Verhältnisse und Motivationen nicht unverwandelt, nur reduziert in jenen Bereich (das Unbewußte) eingehen[20] . Freud bezeichnet dies - und das ist seine größte psychoanalytische Entdeckung - „ die Modifikation alles Realen im Unbewußten". Diesbezüglich finden nicht nur - soziologisch betrachtet - die konkreten Vermittlungsprozesse des Seins durch das (falsche) Bewußtsein im Individuum statt, sondern damit vermischt - psychoanalytisch betrachtet - auch durch das Unbewußte. Die entscheidendste Eigenschaft des Unbewußten ist nach Freud seine „Zeitlosigkeit" ihre Archaik, die jedoch Adorno nicht als „zeitlose", sondern als die „Ungleichzeitigkeit von Unbewußten und Bewußten", selbst als ein „Stigma der widerspruchsvollen gesellschaftlichen Entwicklung" hervorhebt. Das Unbewußte wird bei Schülein überhaupt nicht reflektiert. Die Darstellung des Gesellschaftsbildes der Freudschen Theorie ohne die Darstellung der Bedeutung des Unbewußten in seiner Theorie ist aufgrund der schon erwähnten Tatsache nicht vertretbar.

1.3 Psychoanalyse als Strukturanalyse und die Produktion subjektiver Struktur

Alfred Lorenzer stellt die Psychoanalyse als kritisch-hermeneutische Analyse der subjektiven Struktur stets im Kontext der politisch-ökonomischen Analyse der objektiven Struktur dar. Damit strebt er m.E. eine materialistische Psychologie oder genauer gesagt eine materialistische Sozialisationstheorie[21] an, materialistisch in dem Sinn, daß er die subjektive (individuelle) Struktur als objektiv bedingtes Produkt der objektiven Struktur der gegenwärtigen Produktionsweise - vom materialistisch-historischen Gesichtspunkt (Marx) aus betrachtet - der kapitalistischen Produktionsweise ansieht. Er hebt den Sozialisationsprozeß (1. Sozialisation der Heranwachsenden, beginnend mit

[20]Hierzu vergl.: Th.W. Adorno, S.61, 1955

[21]Hierzuz vergl.: A. Lorenzer, 1976

der primären Sozialisation der Kinder für den Produktionsprozeß, 2. Sozialisation der Erwachsenen im bzw. am Produktionsprozeß) hervor, um die Grundelemente individueller Struktur in einem dialektischen Prozeß als Produkt der Auseinandersetzung mit „innerer Natur“, die selbst kontrapunktisch zur großen Auseinandersetzung des Menschen mit äußerer Natur abläuft, festzustellen.

Bezugnehmend auf Friedrich Engels[22] stellt A.Lorenzer die Sozialisation als „besonderen Produktionsbereich“ fest, in welchem die Interaktionsform der Mutter-Kind-Dyade in der Auseinandersetzung mit innerer Natur hergestellt würde. In dieser Hinsicht wäre nach Lorenzer die Verbindung der Interaktionsform als Produkt der Verarbeitung der inneren Natur mit der äußeren Natur niemals direkt, sondern laufe über die Arbeit und deren Organisation.

Methodologisch räumt er der subjektiven Strukturanalyse in ihrem Verfahren und bei ihrem Gegenstand zwar eine Eigenständigkeit ein, die jedoch keine verselbständigte Untersuchung des Sozialisationsfeldes bedeuten würde. Das bedeutet, daß die Begriffsverwendungen der subjektiven Strukturanalyse im Geltungsbereich der Kategorien objektiver Strukturanalyse geschehen sollten. Die Reise im Rahmen der subjektiven Strukturanalyse wäre nach Lorenzer eine in die Richtung auf objektive Analyse und von daher wieder zurück - also methodologisch m.E. entsprechend der Marxschen Methode bei der Kritik der politischen Ökonomie.[23]

Der Begriff „Praxisfiguren“ deutet bei Lorenzer auf das „Gelenkstück“ hin, in welchem die Perspektiven subjektiver wie objektiver Analyse ineinander übergehen würden.

Trotz der Relevanz seiner historisch-materialistischen Vorgehensweise vernachlässigt A. Lorenzer m.E. die Divergenz von Gesellschaft und Individuum, von welcher auch oben die Rede war. Er berücksichtigt in seiner Theorie nicht die Ungleichzeitigkeit der subjektiven und der objektiven Strukturen. Dies wird m.E. in seiner Theorie nicht reflektiert. Die subjektive Struktur wälzt sich - wie es aus den obigen Ausführungen hervorgeht - im Gegensatz zu objektiver Struktur viel langsamer um. Die Produktion der subjektiven Struk-

[22]Hierzu vergl.: F. Engels, MEW 21, Berlin, 1962
[23]Hierzu vergl.: K. Marx, MEW 13, Berlin, 1961

tur geschieht nicht zeitlich parallel zu der Produktion der objektiven Struktur und nicht aus derselben Logik, obwohl die erstere als Überbau der letzteren angesehen wird. Im Gegensatz zu A. Lorenzer möchte ich bezweifeln, daß die subjektiv-individuelle Struktur allein durch die gegenwärtige Struktur der kapitalistischen Produktionsweise bedingt sei, sie ist auch bedingt durch die Vergesellschaftungsstrukturen, die objektiv, vom historisch-materialistischen Gesichtspunkt aus betrachtet, schon durch die kapitalistische Produktionsweise überholt sind. Der Grund der Ungleichzeitigkeit von subjektiven und objektiven Strukturen ist die gesellschaftliche Repression, die Th.W. Adorno folgendermassen beschreibt:

> *Wäre die Gesellschaft einmal nicht mehr repressiv, so verschwände der Unterschied der Soziologie und des spezifisch Psychologischen, obwohl der Überbau - dem, während der Vormacht der Ökonomie, der gesamte psychologische Bereich zuzurechnen ist - langsamer sich umwälzt; viel Zeit würde vergehen, bis das gesellschaftlich Allgemeine wahrhaft der Inbegriff der individuellen Bedürfnisse wäre und bis das Individuum die Züge los würde, die Male seiner äonenalten Repression sind.*[24]

1.4 Die vergleichende Psychoanalyse

Der Rückstand des Überbaus bzw. des Psychischen ist m.E. - vom psychoanalytischen Gesichtspunkt aus betrachtet - der Herrschaft der Kultur, der kulturellen Verdrängung zuzurechnen. Diese ist jedoch selbst zur Aufrechterhaltug des sozialen Lebens notwendig. Die Kultur ist im Gegensatz zum ökonomischen Unterbau durch den konservativen Charakter gekennzeichnet, den Paul Parin folgendermassen psychoanalytisch begründet:

> *Das läßt sich so ausdrücken, daß einmal erworbene kulturspezifische Eigenheiten einer Art Wiederholungszwang unterliegen, der über die Generationen hinauswirkt.*[25]

[24]Hierzu vergl.: Th.W. Adorno, S.87-88, 1966

[25]Hierzu vergl.: P. Parin, S.58, 1978

Wenn wir uns vergegenwärtigen, daß dem Wiederholungszwang gemäß der psychoanalytischen Theorie die Verdrängung zugrunde liegt, dann ist aus der obigen Ausführung ersichtlich, warum die Kultur im Vergleich zur Ökonomie das rückständige und konservative Merkmal besitzt.

Parin formuliert, welche Aufgabe jeder vergleichenden psychoanalytischen Untersuchung zuzuschreiben wäre:

> *Jede vergleichende psychoanalytische Untersuchung muß einerseits auf den konservativen Faktor, die kulturspezifische Sozialisation, andererseits auf den progressiven Faktor, die gesellschaftlichen Verhältnisse, Rücksicht nehmen.*[26]

Es soll noch hinzugefügt werden, daß P. Parin die vergleichende Psychoanalyse mit der Ethnopsychoanalyse (G. Devereux) gleichbedeutend verwenden will. Die Ethnopsychoanalyse ist nach ihm durch zwei Grundannahmen gekennzeichnet; einmal dadurch, daß sie den Triebenergien, die zum Teil aus dem Unbewußten wirken, wesentliche Bedeutung zuschreibt, zum anderen, daß sie annimmt, daß die Kräfte, welche von der Geschichtschreibung, der Ethnologie und Soziologie studiert werden, die Evolution der Kultur in Bewegung halten und daß sie nicht nur in der Makrosozietät ihre Wirkung entfalten, sondern bis in die verborgenen Regungen der individuellen Psyche hinein wirksam sind.[27]

1.5 Die Ethnopsychoanalyse

Nachdem wir schon im obigen Teil unserer methodologischen Darlegung die Divergenz von Gesellschaft und Individuum bzw. den Unterschied von Psychologie und Soziologie als Hauptmerkmal bei der Betrachtung sozialpsychologischer Phänomene festgestellt haben, wollen wir im weiteren dem Verhältnis der beiden Bereiche Rechnung tragen. Die gesellschaftlichen Phänomene der Menschen sind zweidimensional; soziologisch und psychologisch. Der Begriff „Sozialpsychologie“ kommt zwar in der Ethnopsychoanalyse (G. De-

[26] Hierzu vergl.: P. Parin, S.59, 1978
[27] Hierzu vergl.: P.Parin, S.59, 1978

vereux) nicht vor, sie will jedoch als Wissenschaft der Menschen das Problem des Individuums in zwei getrennten, doch komplementären Bezugsrahmen betrachten, nämlich; soziologistisch im Rahmen seiner gesellschaftlichen Verhältnisse und psychologistisch-individuell also insgesamt pluridisziplinär.

Zwei Hauptkritikpunkte möchte ich bei der kurzen Darlegung der Ethnopsychoanalyse vorweg erwähnen; zum einen habe ich den Eindruck, daß die Ethnopsychoanalyse in der Form von G. Devereux die Einmaligkeit des Individuums verabsolutiert - diesen Eindruck bekommt man besonders bei der Betrachtung seiner Analyse des ungarischen Aufstandes von 1956. Was die Ethnopsychoanalyse hier vernachlässigt, ist m.E. die identische Gestalt der individuellen Konflikte und Probleme der Subjekte trotz ihrer Einmaligkeit bei jedem einzelnen Individuum. In einer Massenbewegung - wie beim Beispiel von G. Devereux, der ungarischen - sind über die soziologischen Motive der Bewegung (politische Ziele und soziale Forderungen) sowie über die subjektiv-psychologischen Motivationen hinaus, auch kollektivpsychologische Motivationen in dem Sinn festzustellen, daß die Individuen der Massenbewegung auch zum großen Teil aus ein und demselben psychologischen Motiv handeln bzw. dadurch ihre politisch-sozialen Motive verstärken. Mit anderen Worten, man sollte auch diesen Aspekt nicht außer Acht lassen, daß die Individuen in der Masse (Gesellschaft) teilweise aufgrund ihrer gleichen psychologischen Konflikte, die selbst von ihrer gleichen triebpsychologischen Natur und der quasi gleichen Sozialisation herrühren, durch die Identifikation über ihre unterschiedlichen subjektiven Motive hinaus auch identische subjektive Motive haben, die eine kollektive Ausdrucksweise bekommen können, ohne daß man dabei an etwas wie kollektives Unbewußte der Masse und dergleichen denkt bzw. von solchem ausgeht. Die identische Gestalt der individuellen Konflikte von Einzelnen ist ein Thema der Sozialpsychologie. Th.W. Adorno verleiht dieser Problematik den folgenden Ausdruck:

> *Während kein Kollektivbewußtsein oder -unbewußtsein zu hypostasieren ist; während die Konflikte fensterlos gleichsam in den Einzelnen sich zutragen und aus ihrer individuellen Triebökonomie nominalistisch herzuleiten sind, haben sie doch in zahllosen Individuen identische Gestalt. Deswegen ist der Begriff Sozial-*

psychologie nicht so abwegig, wie das geklitterte Wort und sein Allerweltgebrach es vermuten läßt.[28]

Als zweiten Kritikpunkt möchte ich meinen Eindruck wiedergeben, daß der Begriff Kultur in der Ethnopsychoanalyse überwiegend soziologistisch im Sinne von sozialer Einrichtung für die Gewährung der Befriedigung bzw. Ersatzbefriedigung der Triebe und Phantasien gebraucht bzw. seiner psychoanalytischen Bedeutung als verinnerlichter Instanz des (kulturellen) Über-Ichs nicht genug Rechnung getragen wird.[29]

G. Devereux stellt als seine Hauptthese fest, daß zwischen der psychologischen (individuellen) und soziologischen Erklärung über das menschliche (individuelle und gesellschaftliche) Verhalten ein Komplemetaritätsverhältnis besteht[30]. Nach Devereux wäre die Frage falsch gestellt, ob das Phänomen in letzter Instanz psychologischer oder soziologischer Natur sei, es sei vielmehr so genau wie möglich das Zusammenstimmen, Ineinanderspielen und gegenseitige Verstärken (meist durch feedback) der dabei implizierten psychologischen und soziologischen Faktoren und zwar stets in Gestalt eines (komplementären) „doppelten Diskurses" zu bestimmen[31]. Die Möglichkeit, ein Phänomen in einem z.B. psychologischen Bezugsrahmen adäquat zu verstehen, bedeutet - so G. Devereux - nicht, daß für es im soziologischen Bezugsrahmen keine zufriedenstellende Erklärung hätte formuliert werden können. Die Notwendigkeit eines Komplementaritätsverfahren bei der Wissenschaft der Menschen leitet G. Devereux m.E. daraus ab, daß es nach ihm aufgrund der verschiedenen logischen Grundlagen der beiden Wissenschaften unmöglich ist, gleichzeitig in beiden Bezugsrahmen zu denken.[32] Das, was als gewisse Aspekte der Gesellschaft beim Individuum internalisiert werden kann, ist nach G. Devereux nur als psychologisches Material zu betrachten.

In einer sozialen Bewegung wie z.B. der ungarischen von 1956[33] seien die Motivationen der Beteiligung nach Devereux in beiden verschiedenen Bezugs-

---

[28] Hierzu vergl.: Th.W. Adorno, S.87, 1966

[29] Hierzu vergl.: G. Devereux, Kap. „Kultur und das Unbewußte", 1978

[30] Hierzu vergl.: G. Devereux, S.16, 1978

[31] Hierzu vergl.: G. Devereux, S.115, 1978

[32] Hierzu vergl.: G. Devereux, S.115, 1978

[33] Hierzu vergl.: G. Devereux, Kapt.: „Die Motivation der ungarischen Freiheitskämpfer", S.118, 1978

rahmen unterschiedlich. Er stellt fest, daß diese offenbar sozio-kulturell motivierten Individuen auch stark subjektiv motiviert seien[34] . Devereux hebt hervor, daß eine Vielfalt autentischer subjektiver Motive ein ego-syntones Ventil in demselben Typ kollektiver Handlungen, d.h. in einer spontanen oder organisierten Sozialbewegung finden könne. Im soziologischen Modell wäre die operante Motivation kollektiv, während in dem psychologischen Modell die gesellschaftlichen Forderungen (Motive) die Rolle von Rationalisierungen spielen, welche die wirklichen subjektiven (psychologischen) operanten Motive genehmigen würden.[35] Dies bedeutet, was in der Psychologie ein operantes Motiv ist, ist in der Soziologie ein instrumentelles Motiv und umgekehrt.[36]

Darauf, daß die Individuen aufgrund ihrer gegenseitigen Identifikation in der Masse auch ähnliche psychologische Motive aufweisen, die - vom psychologischen Bezugsrahmen her betrachtet - eine psychologische Masse hervorrufen, geht G. Devereux nicht ein. Ein psychologisches Massenphänomen, bei dem sich die zahllosen Individuen aufgrund ihrer gleichen triebpsychologischen Natur und ihrer quasi ähnlichen kulturspezifischen Sozialisation miteinander und jeder von ihnen mit der Führerpersönlichkeit der Masse, die für sie die Gewissensfunktion übernimmt, identifizieren, ist bei den Devereuxschen Überlegungen unvorstellbar, da er nicht auf das Phänomen der Identifikation eingeht.

Was die Verwendung der psychoanalytischen Theorie im Rahmen der anderen Kulturen bzw. bei den anderen Kulturphänomenen anbelangt, sollte noch erwähnt werden, daß G. Devereux von einer allgemein universellen Gültigkeit der Psychoanalyse, als „Ensemble der stichhaltigen Schlüsse“, die er jedoch nicht a priori annehmen, sondern aufgrund der Äquivalenz der intensiven psychoanalytischen einerseits, und der extensiven ethnologischen Forschungsergebnisse andererseits feststellen will, ausgeht.[37] Nach ihm ist methodologisch möglich, durch detaillierte Tiefenstudie zu universell gültigen Schlüssen zu kommen. Er ist der Ansicht, daß das, was den Namen der Psychoanalyse trägt, lediglich eine Reihe sozio-kultureller Schlüsse sei, die

[34]Hierzu vergl.: G. Devereux, S.120, 1978
[35]Hierzu vergl.: G. Devereux,.S.127, 1978
[36]Hierzu vergl.: G. Devereux, S.127, 1978
[37]Hierzu vergl.: G. Devereux, S.69, 1978

aus dem intensiven Studium der Wiener Bourgeoisie vor dem Ersten Weltkrieg gewonnen worden seien. Freud habe - so G. Devereux - unter den Eingeborenen von Wien seine Forschung gemacht und dabei eine Reihe allgemeiner Schlüsse gezogen[38].

1.6 Schlußfolgerungen

Anhand der oben ausgeführten methodologischen Darlegungen möchte ich zur Vorgehensweise der vorliegenden Arbeit die wichtigsten Punkten zusammenfassen:

-Beim Studium des Menschen ist es möglich - oder im Sinne von G. Devereux sogar notwendig -, ein Phänomen aufgrund der Divergenz von Gesellschaft und Individuum in zwei Bezugsrahmen, individuell-psychologisch und gesellschaftlich soziologisch, zu betrachten bzw. zu erklären. Wenn ich in meiner Arbeit das Phänomen der Scham überwiegend psychoanalytisch darstelle, bedeutet dies keineswegs, daß man es nicht soziologisch als Phänomen der Geschlechtertrennung - wie ich es z.B. in der vorliegenden Arbeit historisch darzustellen versuche - darstellen könnte.

-Das Phänomen der Kultur - wenn man es im Sinne von G. Devereux soziokulturell (soziologisch) betrachtet - bedeutet etwas außerhalb des Individuums eine soziale Einrichtung, die Befriedigung, Ersatzbefriedigung der Triebe und der Phantasien des Einzelnen gewährt. Im psychoanalytischen Sinn (Freud) bedeutet die Kultur bzw. ihre Funktion etwas Subjektives. Die wichtigste Aussage der psychanalytischen Kulturtheorie ist die Aussage über das Kultur-Über-Ich, das die o.g. Befriedigung genehmigt oder die kulturell nicht erlaubte Befriedigung zu verdrängen veranlaßt. Deshalb scheint es mir unerläßlich, zur Darstellung der Scham in der persisch-islamischen Kultur das Kultur-Über-Ich des islamisch-schiitischen Subjekts darzustellen.

-Der Gegenstand der Psychologie ist die subjektive Struktur des Menschen, genauer gesagt, seine Irrationalität. Die psychoanalytische Theorie wird aufgrund dieses Charakters in der vorliegenden Arbeit angewendet, da die pschoanalytische Theorie durch die Lehre vom Unbewußten bzw. durch

[38] Hierzu vergl.: G. Devereux, S.69, 1978

die Lehre der Entwicklung des menschlichen Seelenlebens als der psychosexuellen Entwicklung, die mit der kindlichen Sexualität bzw. ihren unbewußten Anteilen zusammenhängt, die Irrationalität des menschlichen Verhaltens reflektiert. Diese Anwendung bedeutet jedoch nicht die unkritische Übertragung der psychoanalytischen Begriffe.

-Die Divergenz von Gesellschaft und Individuum ist auf die Repression der Gesellschaft zurückzuführen. Obwohl die Gesellschaft im allgemeinen als Verursacher der subjektiven Konflikte des Individuums angesehen wird, bedeutet dies jedoch nicht, daß das Individuum, wie manche soziologisierten psychologischen Theorien annehmen, die Widersprüche der Gesellschaft als seine subjektiv-psychischen Konflikte unverwandelt abbilde. Aufgrund dieser Divergenz ist die Psyche des Individuums durch die Ungleichzeitigkeit des Unbewußten gekennzeichnet. Und aufgrund dieses Sachverhalts besteht zwischen der Psychologie und der Soziologie trotz ihrer jeweiligen wissenschaftlichen Eigenständigkeit im Sinne von G. Devereux ein Komplementaritätsverhältnis.

-Die Einmaligkeit des Menschen ist nicht zu verabsolutieren. Die psychischen Konflikte haben bei den zahllosen Individuen identische Gestalt. Dies bedeutet jedoch nicht, daß etwas wie ein kollektives Unbewußtes zu hypostasieren wäre. Obwohl die psychischen Konflikte subjektiv strukturiert sind, kann es durch die Identifikation bei den Subjekten zu irrationalen Massenphänomenen kommen, wo kollektive Handlungsweisen hervorgerufen werden.

1.7 Zur methodologischen Vorgehensweise der vorliegenden Arbeit

Was den methodologischen Schwerpunkt der vorliegenden Arbeit angeht, sind vor allem zwei Hauptaspekte hervorzuheben: die Analyse der Scham als wichtigste psychosexuelle Reaktionsbildung beim Umgang der verschiedenen Geschlechter in der persisch-islamischen Kultur und die Analyse des kulturellen Über-Ichs des iranisch-islamischen Mannes als in dieser Hinsicht kulturelle Kontrollinstanz.

Die Scham in diesem Sinn bezieht sich auf die traditionelle Geschlechtertrennung in der iranischen Gesellschaft, deren gesellschaftlich-historischer Entwicklung soziale, politische und religiöse Ursachen zugrundeliegen. Die schiitisch-iranische Geschlechtertrennung ist also ein soziales Phänomen, das religiöse, politische und historische Aspekte beinhaltet bzw. dessen umfassende Betrachtung verschiedene Analysen in diesen verschiedenen Bezugsrahmen braucht.

Das Kultur-Über-Ich des schiitisch-iranischen Subjekts bzw. seine islamisch-kulturelle Identität geht auf die religiöse schiitisch-islamische Elite (schiitische Geistlichkeit) als soziokulturellen Machtfaktor der iranischen Gesellschaft zurück. Die Entstehung einer schiitischen Elite stellt ein gesellschaftliches Problem mit politisch-religiösem und historischem Aspekt dar, dessen umfassende Betrachtung einer Analyse in diesen verschiedenen Bezugsrahmen bedarf.

Die islamisch-schiitischen Gesetze (Verbote und Idealforderungen) und die islamisch-schiitischen Vorstellungen können, wenn man sie im psychologischen Bezugsrahmen betrachtet, nur als psychisches Material beim schiitischen Moslem interpretiert und als Aspekte seines Über-Ichs bzw. Ichideals aufgefasst werden. Das psychologische Verständnis der islamisch-schiitischen Vorstellungen kann anhand der psychoanalytischen Theorie durch ihre psychomythologische Darstellung ermöglicht werden. Während die psychoanalytischen Darlegungen der Scham und des Kultur-Über-Ichs in der vorliegenden Arbeit den psychologischen Aspekt der iranisch-islamischen Kultur hervorheben, versuchen andererseits die soziokulturellen, religiös-historischen Darstellungen - wie die soziokulturellen Ursachen der Geschlechtertrennung und die Entstehungsgeschichte der islamisch-schiitischen Elite - hier den gesellschaftlichen Aspekt zu betonen. Zwischen diesen beiden Aspekten, dem des Psychischen und dem des Soziokulturellen, besteht ein Komplementaritätsverhältnis, das in der vorliegenden Arbeit reflektiert werden soll.

In ihrem historischen Teil, soweit es für die Erklärung der Geschlechtertrennung und der Entstehung der schiitischen Geistlichkeit wichtig ist, beschränkt sich die vorliegende Arbeit überwiegend auf die soziokulturellen Ereignisse des zwanzigsten Jahrhunderts n.Chr. der iranischen Gesellschaft. Sie beschäftigt sich hauptsächlich mit dem infolge der Akkulturation entstandenen Konflikt der traditionellen und der neuen westlich-orientierten

Gesellschaft, speziell mit dem Konflikt der traditionellen Form der Geschlechtertrennung und der neu entstandenen westlich-orientierten Geschlechterverhältnisse infolge der Integration der iranischen Gesellschaft - ökonomisch gesehen - in den kapitalistischen Weltmarkt, - soziokulturell betrachtet - in die im Sinne von Bassam Tibi[39] technisch-wissenschaftliche Weltkultur.

Das Spezifikum dieser Epoche der iranischen Gesellschaft ist die tendentielle Aufhebung der familiären Sperre für die Frau bzw. ihre tendentielle Beteiligung an der gesellschaftlichen Produktion (besonders in Verwaltung, Büro, Bank und Bildungsbereich) außerhalb des im Sinne von F. Engels „besonderen Produktionsbereiches" der Familie, was insgesamt für die Liberalisierung der Geschlechterverhältnisse der iranischen Gesellschaft ausschlaggebend gewesen ist.

Der politische Konflikt verbunden mit dem soziokulturellen Konflikt entstand zwischen zwei Machteliten der iranischen Gesellschaft, zwischen dem despotischen Ṣäkularstaat der Pahlaẉi-Dynastie, der sich vom Legitimationsrecht der schiitischen Geistlichkeit zu befreien und die Gesellschaft u.a. soziokulturell westlich zu orientieren bzw. zu entislamisieren versuchte, und der religiösen Elite der schiitischen Geistlichkeit, die auf der Tradition des Islams beharrte.

[39]Hierzu vergl.: B. Tibi,1981

2 Das Über-Ich der persisch-islamischen Kultur

Bevor wir auf die Darstellung des kulturellen Über-Ichs des schiitisch-iranischen Subjekts eingehen, wollen wir uns zunächst einen theoretischen Überblick über den psychoanalytischen Begriff „Über-Ich“ verschaffen.

2.1 Zur psychoanalytischen Theorie des Über-Ichs

Die Funktion der Kultur setzt im psychoanalytischen Sinn für die Kulturträger die Bildung des kulturellen Über-Ichs, die sich quasi als ein Teil der gesamten Über-Ich-Bildung des Individuums verstehen läßt, voraus. Die Befolgung der kulturellen Verbote und Gebote seitens der Individuen geschieht zum großen Teil aufgrund der Internalisierung dieser Verbote und Gebote bzw. aufgrund der Aufrichtung des Über-Ichs als der höheren, verbietenden und gebietenden Instanz der Persönlichkeit, die dem Ich gegenübertritt und es entsprechend seinem kulturellen Benehmen liebt bzw. peinigt. Die Bildung des Über-Ichs als der Struktur der Persönlichkeit geht mit dem Untergang der ödipalen Konflikte der Kindheit einher, so daß die Einzelheiten der Beziehung zwischen Ich und Über-Ich im Freudschen Sinn in „Abriß der Psychoanalyse“[40] aus der Zurückführung auf das Verhältnis des Kindes zu seinen Eltern verständlich werden.

Für das Verständnis der Verinnerlichung der kulturellen Normen und Werte einer Gesellschaft - in unserem Fall, der iranischen Gesellschaft - ist die Darstellung der psychoanalytischen Theorie des Über-Ichs von Bedeutung.

2.1.1 Zur Entwicklung des Begriffs Über-Ich

Die Keime des Begriffs „Über-Ich“ lassen sich rückblickend in Freuds „Entwurf...“[41] und in der „Traumdeutung“[42] finden. Explizit wird der Begriff

[40]Hierzu vergl.: S. Freud,(1938)
[41]Hierzu vergl.: S. Freud, (1895)
[42]Hierzu vergl.: S. Freud, (1900-1901)

„Über-Ich“ jedoch zuerst in „Zur Einführung des Narzißmus“[43] erwähnt. Freud stellte dort die Idee einer Institution heraus, die das Ich bewacht und es mit einem Ideal-Bild vergleicht, wobei dieses Ideal von dem Vorbild abgeleitet ist, das durch das Verhalten der Eltern gesetzt ist. J. Sandler stellt fest, daß die Bildung dieses Ideals nach Freud als Maßstab der Selbstbewertung, „die Bedingung der Verdrängung“ darstelle[44]. Wenn das Kind diesem Ideal gleichkommen kann, gewinnt es seine narzißtische Vollkommenheit zurück. Das Gewissen wird gebildet als eine psychische Instanz, „ welche die Aufgabe erfüllt, über die Sicherung der narzißtischen Befriedigung aus dem Ichideal zu wachen, und in dieser Absicht das aktuelle Ich unausgesetzt beobachtet und am Ideal mißt“.[45]

In „Massenpsychologie und Ich-Analyse“[46] erweitert Freud seinen Begriff vom Ichideal. Das Ichideal umfasst „ die Summe aller Einschränkungen, denen das Ich sich fügen soll.“[47] In der Gruppe vertausche das Individuum, so Freud, sein Ichideal gegen das im Führer verkörperte Massenideal, wobei sich diese Verkörperung des Ich-Ideals in einer äußeren Person, einer äußeren Autorität von der Identifizierung des Ichs mit einem Objekt unterscheide.

1923 ersetzte Freud in „Das Ich und das Es“ bei der Darstellung der seelischen Struktur des Individuums das Ichideal durch das Über-Ich, als strukturellen Niederschlag im Ich, der zur Zeit der Auflösung des Ödipuskomplexes entsteht und dessen Bildung die Hauptbildung für die Lösung der ödipalen Konflikte, die in der phallischen Phase der Triebentwicklung sehr intensiv sind, darstellt. So wie das Kind, das aufgrund seiner Abhängigkeit keine andere Wahl hatte als den Eltern zu gehorchen, so unterwirft sich sein Ich später den imperativen Forderungen des Über-Ichs. Es übt die „moralische Zensur“ aus und die Spannung zwischen dem Über-Ich und dem Ich wird als Schuld- und Unwertgefühl empfunden. Das Über-Ich ist nach Freud zum großen Teil unbewußt.

Nach Freud bildet sich das Über-Ich auf der Grundlage von Identifizierungen mit den Eltern, wo das Kind sie als Liebes- und Rivalitätsobjekt aufgeben

[43]Hierzu vergl.: S. Freud, (1914)
[44]Hierzu vergl.: J. Sandler, S.723, 1964
[45]Hierzu vergl.: S. Freud, S.162, (1914)
[46]Hierzu vergl.: S. Freud, (1921)
[47]Hierzu vergl.: S. Freud, S.145, (1921)

soll. Die Überich-Identifizierung ersetzt die Objektbesetzungen den Eltern gegenüber. Sie finden statt als Folge der Notwendigkeit, mit dem positiven und negativen Ödipuskomplex fertig zu werden.

In derselben Arbeit hebt Freud hervor, daß das Über-Ich nicht allein das Produkt der elterlichen Identifizierungen sei, sondern auch als Ausdruckmodus der stärkeren Es-Triebe funktioniere. Aufgrund dieser Kommunikation zwischen Es und Über-Ich ist das Über-Ich zum großen Teil unbewußt. Die Furcht vor dem Über-Ich ist ein Überbleibsel der früheren Kastrationsangst, die bekanntlich durch die eigenen aggressiven Impulse des Kindes verstärkt wird. Die destruktiven Tendenzen drücken sich im strengen, strafenden Über-Ich aus.

In „Die Zukunft einer Illusion" (1927) machte Freud auf die Rolle des Über-Ichs für den Fortschritt der Kultur aufmerksam. Das Über-Ich ist nach ihm letzten Endes der wirksamste Träger der kulturellen Überlieferung, besonders der religiösen Vorstellungen. Jeder Einzelne sei, so Freud, virtuell ein Feind der Kultur, und die Kultur solle den einzelnen gegen seine feindlichen Triebe beschützen.

In „Das Unbehagen in der Kultur" (1929) erweiterte Freud seine Beschreibung der Beziehung zwischen dem Über-Ich und dem aggressiven Trieb. Die Aggressivität des Über-Ichs verstärkt sich nach Freud bei jedem Verzicht des Kindes auf seine eigenen aggressiven Wünsche wegen der Forderungen der Gesellschaft (Eltern). Masochistisches Verhalten könne dann nach Freud als eine Funktion der erotischen Bindung des Ichs an ein sadistisches Über-Ich angesehen werden.

In „Abriß der Psychoanalyse" (1938) stellt Freud noch einmal das Über-Ich als die „besondere Instanz ..., in der sich dieser elterliche Einfluß fortsetzt" fest. Hier führt er die Einzelheiten der Beziehung zwischen dem Ich und dem Über-Ich auf das Verhältnis des Kindes zu seinen Eltern zurück. Im Elterneinfluß sieht er auch die Tradition größerer sozialer Gruppen, die mitwirkt.

Insgesamt betrachtet Freud die Bildung des Über-Ichs als Ergebnis zweier Faktoren: der langen Phase der Hilflosigkeit bzw. der Abhängigkeit des menschlichen Kindes und des Ödipuskomplexes. Zu der Konstellation der ödipalen Konflikte lassen sich in der psychoanalytischen Theorie die folgenden Gesichtspunkte hervorhebend zusammenfassen;

-Die früheste Beziehung des Kindes zur Mutter ist eine anaklitische, beruht also auf der realen Fähigkeit der Mutter, die Triebbedürfnisse des Kindes zu befriedigen.

-Das Kind reagiert zu dieser Zeit auf den Vater durch eine direkte und unmittelbare Identifizierung, die frühzeitiger als jede Objektbesetzung stattfindet.

-Dieser frühe Zustand dauert an, bis intensive phallische Gefühle in Richtung auf die Mutter entstehen. Der Vater wird nun (für den Knaben) als Hindernis für seine sexuellen Ziele betrachtet, und die Gefühle des Kindes ihm gegenüber sind durch Ambivalenz gekennzeichnet.

-Die Besetzung der Mutter als Sexualobjekt muß nun aufgegeben werden und kann entweder durch Identifizierung mit der Mutter oder verstärkte Identifizierung mit dem Vater ersetzt werden. Diese letztere bestätigt und befestigt die Männlichkeit des Knaben.

-Das Überwiegen der einen oder der anderen Identifizierung wird durch den negativen Ödipuskomplex und durch die natürliche Bisexualität des Kindes beeinflußt.

-Die Identifizierung mit dem Vater erhält die Objektbindung an die Mutter und ersetzt die sexuelle Beziehung zum Vater, die zum negativen Ödipuskomplex gehörte. Ebenso erhält die Identifizierung mit der Mutter die Objektbindung an den Vater und ersetzt die phallisch-sexuelle Beziehung zur Mutter. Das Kind erreicht im Über-Ich die gleichen Hindernisse gegen die Ausdrucksformen seiner Triebe, wie sie außerhalb in Gestalt der Eltern bestanden. Die Kraft dazu leiht das Kind laut Freud vom Vater aus, durch die frühere Identifizierung des Knaben mit dem Vater.

2.1.2 Zum Begriff des „externalisierten Über-Ichs"

Die Erörterung der psychoanalytischen Theorie des Über-Ichs hat sich nach Freud innerhalb verschiedener Richtungen der Psychoanalyse weiter entwickelt. An dem wesentlichen Ansatz dieser Theorie hat sich kaum etwas geändert, so daß die Darlegung dieser theoretischen Weiterentwicklung den Rahmen der vorliegenden Arbeit sprengen würde. Deshalb möchte ich hier nur die theoretische Weiterentwicklung darstellen, die für das Verständnis der iranischen Kulturverhältnisse einen entscheidenden Beitrag leisten kann.

Obwohl J. Sandler[48] die Entwicklung des „Über-Ich-Schemas" auf die präödipale Phase der seelischen Entwicklung zurückführt, ist er wie Freud der Ansicht, daß die Entwicklung des eigentlichen Über-Ichs als Struktur der Persönlichkeitsentwicklung mit der Auflösung des Ödipuskomplexes verknüpft wird[49]. Das Über-Ich bildet sich nach Sandler als Niederschlag im Ich und seine Entstehung steht nach ihm in Wechselbeziehung mit einer partiellen und relativen Abschwächung des Interesses an den wirklichen Eltern sowie der Abhängigkeit von ihnen. Die Hauptquelle der Selbstachtung seien nun nicht mehr die wirklichen Eltern, sondern das Über-Ich. Die Introjektion der Eltern habe stattgefunden, und eine Struktur sei entstanden, die vorher nicht in dieser Form existiert habe.[50]

Sandler hebt besonders hervor, daß weder die Persönlichkeit noch das Verhalten der Eltern introjiziert werde, sondern ihre **Autorität**. Das Über-Ich-Schema gewinne so durch die Introjektion der Eltern einen autonomen Status. Die Anordnung der elterlichen Mißbilligung verwandelt sich jetzt in Schuldgefühl, obwohl das affektive Erlebnis in beiden Fällen das gleiche sei, wobei das Absinken des Selbstwertgefühls eine wesentliche Komponente dieses Affektzustandes darstelle. Wenn das Ich und das Über-Ich harmonisch und reibungslos zusammenwirken, d.h. wenn durch Billigung von seiten des Über-Ichs das Gefühl des Geliebtwerdens wiederhergestellt ist, entspricht dies dem vom Kind erlebten Affekt des Sich-eins-Fühlens mit der Mutter.[51]

Sandler will damit die positive Seite des Über-Ichs, nämlich das Über-Ich als „Quelle der Liebe und des Wohlbefindens" hervorheben. Die Funktion des Über-Ichs besteht nach Sandler nicht nur in Mißbilligung, sondern auch in der Billigung.[52]

---

[48]Hierzu vergl.: J. Sandler, S.721-743 u. S.812-828, 1964
[49]Hierzu vergl.: J. Sandler, S.739, 1964
[50]Hierzu vergl.: J. Sandler, S.739, 1964
[51]Hierzu vergl.: J. Sandler. S.740, 1964
[52]Hierzu vergl.: J. Sandler, S.740, 1964

Der wesentliche Unterschied der Sandlerischen Darlegung vom Begriff des Über-Ichs zum Freudschen besteht m.E. in seiner Auffassung von „Introjektion“. Sandler verwendet bei der Erklärung der Entstehung des Über-Ichs präzisierend den Begriff „Introjektion“ anstatt den der Identifikation. Er vertritt die Ansicht, daß Freud nicht immer zwischen der Identifizierung mit den Eltern, besonders mit dem Vater, und der Introjektion und dem daraus folgenden Aufbau einer inneren Autorität, die als Gegner des Ichs fungieren kann, unterschieden habe.[53]

Das Über-Ich werde jedoch nur solange vom Ich gestützt, so Sandler, wie umgekehrt das Über-Ich als Ich-Stärkung funktioniere. Das bedeutet, daß das Ich die Normen und Vorschriften des Über-Ichs absolut außer acht lassen könnte und würde, wenn es anderweitig in ausreichendem Maße narzißtische Stützung finden könnte. Wenn die Identifikation mit den Gruppenidealen, bzw. mit den Idealen eines Führers genügend narzißtische Zufuhr biete, dann könne das Über-Ich völlig übergangen werden. Ideale, Normen und Verhalten der Gruppe übernehmen die Funktion des Über-Ichs. Gestatten die Gruppenideale eine direkte Befriedigung der Triebwünsche, dann kann es zu einer völligen Charakterveränderung kommen. Das Über-Ich sei nicht so sehr wie früher als die Quelle der Liebe und des Wohlbefindens erforderlich.[54]

Was die Abschwächung und das Verschwinden des Über-Ichs in der Gruppe anbelangt, kritisiert J. Chasseguet-Smirgel die hier dargestellte Meinung von Sandler. Sie vertritt die Ansicht, daß die narzißtische Wiederherstellung das entscheidende Ziel bei der Gruppenbildung ist. Nach Chasseguet-Smirgel ist die Fähigkeit zu Greueltaten in der Gruppe nicht nur das Resultat einer Übernahme moralischer Gruppenkriterien, sondern auch die Illusion einer Verschmelzung mit der Mutter.[55] Nach Chassegeut-Smirgel stellt das Ich-Ideal, auf welches wir noch ausführlich in der vorliegenden Arbeit eingehen werden, als Erbe des Narzißmus den Versuch dar, die verlorene Allmacht durch die Illusion der Verschmelzung mit der Mutter zu gewinnen, während das Über-Ich als Erbe des Ödipus- und des Kastrationskomplexes die Position der Realität bzw. die der Trennung von der ödipalen Mutter vertritt.[56]

[53]Hierzu vergl.: J. Sandler, S.740, 1964
[54]Hierzu vergl.: J. Sandler, S. 741, 1964
[55]Hierzu vergl.: J. Chassegeut-Smirgel, 1981
[56]Hierzu vergl.: J. Chasseguet-Smirgel, S.80, 1981

Nach ihrer Ansicht geht die Bildung des Über-Ichs mit dem Verzicht auf die Wiederbegegnung von Ich und Ichideal durch die genitale Vereinigung mit der Mutter[57] einher.

Zum Schluß dieser theoretischen Darlegung möchte ich noch einen Gesichtspunkt bei den Sandlerschen Darstellungen des Über-Ichs hervorheben. Er vertritt die Ansicht, daß bei der Über-Ich-Projektion (Externalisation) beobachtet werden kann, wie das Ich versuche, die ursprünglichen Über-Ich-Objekte in der Außenwelt wiederherzustellen.[58]

Zusammenfassend kann man die wichtigsten Gesichtspunkte der Sandlerschen Darlegung folgendermassen hervorheben;

-Das Über-Ich kann als System von Autoritätsfiguren (wirkliche Personen oder Introjekte) einerseits und die Reaktion des Ichs auf diese Figuren andererseits aufgefasst werden.

-Die Introjektion wird in diesem Zusammenhang als Verlagerung von Autorität von einem wahrgenommenen wirklichen Objekt auf dessen seelische Repräsentanz verstanden. Dabei ist nicht das gewöhnliche Wahrnehmen und Insichhineinnehmen gemeint, sondern ein bestimmtes Verlagern der Bedeutung einer Figur aus der Außenwelt auf das Modell des Objekts in der Innenwelt.

-Externalisierung des Über-Ichs ist ein Vorgang, bei dem eine Figur aus der Außenwelt mit einigen oder allen Eigenschaften eines Introjekts investiert und dann auf sie reagiert wird, als wäre sie ein Introjekt.

2.1.3 Schlußfolgerungen

Das Über-Ich als eine Struktur in der Persönlichkeitsentwicklung hat zwei Aspekte; seine gebietenden und verbietenden Forderungen stehen mit den traditionellen und kulturellen Werten und Normen einer gesellschaftlichen Realität in Beziehung. Die triebenergetischen Impulse zu diesen beiden For-

[57] Hierzu vergl.: J. Chassegeut-Smirgel, S.139

[58] Hierzu vergl.: J. Sandler, S.742, 1964

derungen bezieht das Über-Ich aus dem Es, weshalb sie zum großen Teil unbewußt sind.

Als ursprünglichstes Modell für die Einhaltung der gesellschaftlichen Normen und Werte seitens des Über-Ichs gilt die elterliche Autorität, die bei der Über-Ich-Bildung verinnerlicht wird.

Jede Spannung zwischen Ich und Über-Ich bzw. dem Ichideal, welches als gebietende Funktion des Über-Ichs aufgefaßt werden kann, stellt das Schuld- und Minderwertigkeitsgefühl her, das letzten Endes das Unwertgefühl verursacht, das eine narzißtische Qualität hat.

Da die Eltern als Autorität auch nach der Über-Ich-Bildung nicht gänzlich aufgegeben werden, können bestimmte Figuren aus der Außenwelt für erwachsene Individuen mit einigen oder allen Eigenschaften eines Introjekts investiert bzw. von der Seite dieser Individuen auf sie reagiert werden. Diese überwiegend von einer äußeren autoritären Person abhängige Art des Über-Ichs können wir, uns auf Sandler berufend, „externalisiertes Über-Ich" nennen, dessen Theorie-Anwendung bei der Darstellung des iranisch-schiitischen Kultur-Über-Ichs zum Verständnis der iranisch-schiitischen Kultur einen psychologischen Beitrag leisten kann. Es sollte noch erwähnt werden, daß die Entwicklung dieser für die Gruppe autoritären Persönlichkeit ihrerseits einen soziologischen Aspekt hat, den man komplementär zum psychologischen und zwar im soziologischen Bezugsrahmen darstellen kann. Von den iranischen Verhältnissen ausgehend bedeutet dies, daß man nicht außer Acht lassen sollte, daß die Entwicklung der schiitischen Kultur und Massenbewegung im Iran bzw. die Entwicklung ihrer Führung für diese Masse nicht allein einen psychologischen Sachverhalt, sondern auch gleichzeitig eine politisch-religiöse, d.h. sozialhistorische Entwicklung der iranischen Gesellschaft darstellt.

2.2 Zum religiösen Aspekt des schiitisch-iranischen Über-Ichs

Der Islam und speziell die Schia-Religion besitzt eine umfassende Ordnung, um über alle Bereiche des privaten und des öffentlichen Lebens der Muslime und ihrer Gesellschaft zu bestimmen. Während das öffentliche Leben und die iranische Gesellschaft Anfang dieses Jahrhunderts begonnen haben, sich eingehend von den schiitischen Normen und Werten zu trennen bzw. sich zu verwestlichen - worauf wir noch später ausführlicher eingehen werden -, blieb die traditionell-islamische Familienform in der iranischen Gesellschaft weitgehend noch von diesen Werten und Normen abhängig.

Anhand der Überlieferungen von den schiitischen Imamen hat man versucht, u.a. auch viel über die islamische Gesellschaftsordnung zu berichten und zu schreiben. Als Beispiel kann man diesbezüglich den schiitischen Gelehrten und Philosophen *Molla Mohammad Bagher Madjlesi* (18.Jh.n.Chr.) erwähnen, der vierzehn Bände über die Lehren der schiitischen Imame (*Bahar al-Anwar*) verfasst hat, von denen viele diese Ordnung beschreiben. Die Doktrin (*resale*) aller Groß-Ayatollahs der Schia beschäftigen sich zum großen Teil mit den Problemen des privaten und des öffentlichen Lebens der Muslime. Die Doktrin Ayatollah Khomeinis befasst sich - um nur einige zu erwähnen - z.B. auch mit den folgenden Problemen : Vorschriften (*ahkam*) des Waschens, Vorschriften der schiitischen Nachahmung, Vorschriften des Mietens, Vorschriften des Friedens, Vorschriften der Ehe, Vorschriften des Eßbaren und des Trinkbaren, Vorschriften des Schauens .....[59]

Es ist berechtigt die Frage zu stellen, ob diese schiitisch-islamischen Vorschriften auch als Normen und Werte der iranischen Gesellschaft von den Individuen angenommen werden, oder ob sie als solche diesen Stellenwert nicht besitzen. Die Schia bestimmt und beeinflußt stark die Normen- und Wertvorstellungen des großen Teils der iranischen Gesellschaft. Die kulturelle Moral ist für die Mehrheit der Bevölkerung auch in diesem Jahrhundert immer noch großenteils eine schiitische, so daß diese Vorschriften von den frommen Muslimen befolgt werden und die schiitisch-islamischen Normen und Werte den großen Bestandteil ihrer kulturell-religiösen Persönlichkeit ausmachen. Die Verwestlichung und die Entstehung der quasi modernen Gesellschaft neben der traditionellen im Iran hat zwar durch das Aufkommen neuer Werte z.T. die schiitisch-islamischen Werte und Normen verdrängt - vor allem wurden sie im Bereich der Geschlechterverhältnisse, die überwiegend durch die islamische Bedeckung der Frau charakterisiert ist, erschüttert. Dies alles führte jedoch, wenn man den psychologischen Aspekt in Betracht zieht, zur Ak-

[59] Hierzu vergl.: A.R. Khomeini,1964

tualisierung der psychischen Konflikte der Generationen der Sechziger- und Siebziger-Jahre im Iran, die zum sozialen Aspekt der Reislamisierung des Landes von 1979 den psychologischen Impuls geliefert hat.

Wir wollen hier noch nicht die kulturhistorischen Hintergründe der Verwestlichung bzw. der islamischen Revolution als adäquater Reaktion darauf oder die psychologischen Motive der schiitischen Anhänger ausführen - darauf werden wir noch zurückkommen -, sondern uns geht es an dieser Stelle zunächst vielmehr darum, festzustellen - wenn wir die Theorie des Über-Ichs im Auge behalten -, aufgrund welcher autoritärer Instanz die schiitisch-islamischen Normen- und Wertvorstellungen als Inhalte des Über-Ichs des iranischen Gläubigen sich bei ihm auswirken bzw. von ihm aufrechterhalten werden. Diese Normen und Werte werden durch die schiitische Sozialisation als Verbote und Gebote dem schiitischen Subjekt als Kind von den Eltern eingeprägt. Entsprechend der dargestellten Theorie des Über-Ichs können wir sagen, daß diese Verbote und Gebote von einer an die Stelle der Autorität der Eltern gerückten Instanz als einer psychischen Repräsentanz in der Persönlichkeit des Gläubigen kontrolliert und bewacht werden. Eine Charakteristik dieser Instanz ist, daß sie beim iranischen Schiiten ausgesprochen externalisiert ist. Sie ist im Sinne von Sandler stark mit der psychischen Repräsentanz einer religiösen Persönlichkeit besetzt.

Um diese Charakteristik zu verdeutlichen, ist die Darlegung einiger weltanschaulicher Vorstellungen der Schia unverzichtbar. Vom religionswissenschaftlichen Gesichtspunkt aus betrachtet sind die schiitischen Vorstellungen hauptsächlich einerseits in die philosophischen und andererseits in die Vorstellungen von Rechtsbestimmungen zu teilen. Psychologisch gesehen würde die Beachtung der Gesetze und der Vorschriften der Schia, die hauptsächlich die Sozialisation des Schiiten bestimmen und beeinflußen, auf die erzieherische Ebene beschränkt bleiben, wenn die Beachtung der Weltanschauung der Schia, die dem Moslem neben diesen Vorschriften ebenfalls eingeprägt wird und welche für das Verständnis der schiitischen Moral und der imperativen Instanz bzw. ihrer Repräsentanz in der Persönlichkeitsstruktur des Gläubigen von Bedeutung ist, außer Acht gelassen wird.

Ohne die Angst vor Strafe (dem Liebesentzug) bzw. ohne den Anspruch auf Belohnung und Anerkennung (das Geliebtwerden) des Gläubigen gegenüber der islamischen Gesellschaft (Gemeinde), ihrer geistlichen Autorität und Gott als höchster Instanz sind die Berücksichtigung und Einhaltung der schiitisch-islamischen Gesetze und Vorschriften seitens des Gläubigen nicht denkbar. Wie wir im folgenden sehen werden, ist die Vollkommenheit des Menschen, die darin besteht, die koranische Wahrheit zu erkennen bzw. deren Erreichung die Unterwerfung des Menschen unter die autoritäre Instanz (der Wahrheit) vorausetzt, das höchste Ziel der Schia-Philosophie.

2.2.1 Ein Exkurs über drei Glaubensvorstellungen der Schia

Aus dem Studium der Schia-Religion geht hervor, daß vor allem drei Glaubensvorstellungen in der Schia entscheidend sind: „*wilayat*", „*ghejbat*" und „*schahadat*". Der vorliegende Exkurs, der hier speziell über diese drei Glaubenselemente eingefügt wird, ist zu einem Teil philosophisch, wo er versucht, die Philosophie des „*wilayat*" und des „*ghejbat*" vom schiitisch-islamischen Gesichtspunkt aus darzustellen. Und zum anderen ist diese Darlegung religionshistorisch, wo sie versucht, die Imamatsepoche und die Entstehungsgeschichte der Erlösungsreligion der Schia anschaulich zu machen bzw. das Nachfolgerecht der Imame darzustellen. Drittens beschreibt dieser Exkurs durch die religionshistorische Darlegung der Kerbela-Tragödie („*schahadat*") und anhand der Beschreibung der Trauer-Zere monie bei den schiitischen Muslemen, welche mobilisierende Funktion dieser Glaubensvorstellung in der Schia-Religion zukommt.

Der Glaube an „*wilayat*", das Imamatsprinzip der Schia

Der Begriff „*wilayat*" stellt in der Schia die Herrschaft des Imams dar. Er bedeutet Erhabenheit und Heiligkeit. „*Wali*" heißt „naher Freund" (Gottes). Dieser Begriff besitzt in der Schia eine philosophische Bedeutung, die wir im folgenden darzustellen versuchen.

Wer an die Einheit Gottes „*touhid*" glaubt, an „*nabowat*", daran, daß Mohammad der letzte Gesandte Gottes ist, und an „*moad*", an den Auferstehungstag und an das Jüngste Gericht, ist ein Muslim. Wenn ein Muslim an das Imamatsprinzip glaubt, daran, daß nach dem Propheten Mohammad Gott die Imame bestimmt hat, die Menschheit auf den rechten Pfad zu leiten, und wenn er an die Gerechtigkeit *„adl"* Gottes glaubt, ist er ein schiitischer Muslim. Die ersten drei Prinzipien sind die Grundsätze des Islam und die letzten zwei die Prinzipien der Schia, die in der Zwölfer-Schia Nebenprinzipien genannt werden.

Das Imamatsprinzip führen die Schiiten auf den zweiten Grundsatz der Schia zurück, darauf, daß Gott aufgrund seiner Gerechtigkeit zu keiner Zeit die Muslims ohne einen *„wali"* lassen würde. Die Schiiten glauben, daß die Imame die *„wasi"*, Bevollmächtigten, und die *„wares"*, Erben des Propheten, sind. Sie glauben an die *„masumijat"*, Sündlosigkeit der zwölf Imame, des Propheten und seiner Tochter Fatima, an die Sündlosigkeit der vierzehn Sündlosen. Sie glauben, daß durch die Verleihung besonderer Ehren und Qualitäten an die Prophten-Familie Gott diese zu idealen Führern gemacht habe, durch deren Anwesenheit Gottes Gnade auf Erden verbreitet wird. Es wäre m.E. jedoch falsch - wie ich bei H.M. Jafrie[60] den Eindruck habe -, diesen Glauben der Schia auf die „Heiligkeit der Genealogie" auf die Vererbbarkeit dieser Ehren und Qualitäten in der Propheten-Familie zurückführen zu wollen. Es gibt in der Zwölfer-Schia genug Beispiele bei den Nachfahren des Propheten und bei denen der Imame, an deren Sündlosigkeit die Schiiten nicht glauben. Als Beispiel kann man Ismail, den Sohn des sechsten Imam, erwähnen, der in der Zwölfer-Schia weder als Imam noch als Heiliger gilt.

Die Hauptquelle beim Studium der Schia-Religion ist die schiitische Überlieferung. Die schiitischen Gelehrten beziehen sich in diesem Zusammenhang auf die Schia-Überlieferung, die Tradition des Propheten und den Koran. Sie stellen jedoch die Tradition des Propheten und die Interpretation des Koran wiederum durch die Schia-Überlieferung dar. Wir wollen die Schia-Religion als Glauben darstellen, ohne ihn durch die religionssoziologische oder -historische Analyse entmystifizieren oder entmythologisieren bzw. durch die anderen Überlieferungen und Quellen des Islam den islamischen „Wahrheitswert" des Schia-Glaubens in Frage stellen zu wollen. Der mythologische Wert des schiitischen Glaubens ist für unseren Zweck von Bedeutung, wobei die religionssoziologischen und -historischen Untersuchungen zum Verständnis der Entstehung des Schia-Glaubens ihre Beiträge leisten.

[60] Hierzu vergl.: H.M. Jafrie, 1979

Die Schia-Überlieferungen beziehen sich über die Kette von Gewährsmännern letzten Endes auf die gesehenen Handlungen und die Rede von Imamen und dem Propheten. Der Wahrheitswert der Überlieferungen wird in der Nachimamatsepoche bzw. in der Abwesenheitszeit des zwölften Imams durch die schiitischen Rechtsgelehrten erforscht. Sie werden in der Schia-Religion allgemein in zwei Gruppen geteilt. A. Mobascheri vertritt in dieser Hinsicht die Ansicht, daß viele Überlieferungen im Islam aufgrund der politischen Auseinandersetzungen und der verschiedenen Spaltungen verfälscht worden sind.[61] Nach ihm bestehen die islamischen Überlieferungen aus zwei Gruppen: eine Gruppe von ihnen lasse sich auf die „*ahkam wa omure ebadi*", religiösen Vorschriften und Pflichten, zurückführen. Das Motiv zur Verfälschung dieser Gruppe der Überlieferungen sei nicht stark gewesen, denn die Verfälschung wäre für niemanden vorteilhaft. Darüber hinaus seien alle islamischen Vorschriften im Koran enthalten. Die zweite Gruppe bezieht sich - so A. Mobascheri - auf „*moaref wa osule taagoli wa tafsiri*", die Kenntnisse und die logischen und interpretierbaren Grundsätze. Für die Verfälschung solcher Überlieferungen bestehen nach Mobascheri genügend Motive. Was diese Motive angeht, könne man davon ausgehen, daß zu Lebzeiten des Propheten die Verfälschung (die falsche Interpretation der logischen Grundsätze des Koran, der Handlungen und der Meinungen des Propheten) nicht möglich gewesen ist. Erst nach dem Tode des Propheten gab es nach Mobascheri stets andere Interessen (politischer, nationaler, philosophischer ... Art) als das Interesse der „koranischen Wahrheit", den Koran und seine Grundsätze bzw. die Überlieferungen anders deuten zu wollen.

Wie wir im weiteren sehen werden, beruht der Schia-Glaube darauf, daß kein anderer die islamische Wahrheit und die göttlichen Kenntnisse in der nachprophetischen Zeit „wahrheitsgemäß" interpretieren kann als der Imam. Deshalb beruht die religiöse (schiitische) Funktion der Überlieferung m.E. darauf, die religiöse Verbindung des Gläubigen zu den Kenntnissen des Imam und des Propheten aufrechtzuerhalten. Dies setzt voraus, daß nur die schiitische Elite (nach den Imamen bzw. in der Abwesenheit des letzten Imam, die Rechtsgelehrten) die Wahrheit besitzt bzw. die Gläubigen von dieser Elite stets abhängig bleibt.

---

[61] Hierzu vergl.: H. Corbin, „Historie de la philosophie islamique" (*tarikh-e falsafe eslam*), *pischgoftar-e tardjoman* (Vorwort des Übersetzers), S.12-13, (pers.), Teheran 1983

Das Verständnis des „*wilayat*“ und des „*ghejbat*“ setzt die Darlegung der Grundbegriffe der „Wahrheit“, des „Islam“ und der „Vollkommenheit“ voraus, deren schiitisch-philosophische Interpretation in der Schia zentrale Bedeutung haben. Anhand der Meinungen von A. Mobascheri wollen wir diese Begriffe anschaulich machen. Er stellt die Bedeutung des Islam als „Unterwerfung gegenüber der Wahrheit“ fest. Sie sei eine unzerlegbare einheitliche Wahrheit, deren Verständnis ihre Anerkennung voraussetze. Also ist es nicht möglich, daß man sich sie vorstellt, ohne sie zu akzeptieren. Diese Wahrheit sei als Koran dargestellt und von Gott gesandt worden und ihre Interpretation stellte die Tradition und die Überlieferung, d.h. die Handlungsweise und das Wort des Propheten und seiner Bevollmächtigten (Imame) dar. Deshalb ist das Kriterium der Wahrheit nach Mobascheri bzw. im schiitischen Islam der Koran, die Tradition des Propheten und die Erläuterung der sündenlosen Imame.

Weil Ali - so Mobascheri - als „der Fürst der Gläubigen“ aufgrund seiner Erleuchtung, die seine Erziehung durch den Propheten bedeutete, alle anderen Nachfolger (Genossen des Propheten) in der Interpretation des Koran, der Tradition des Propheten und der islamischen Handlungsweise übertraf, schlossen sich alle Gläubigen, die die Wahrheit liebten, ihm und seinen Bevollmächtigten (den weiteren Imamen) an. Sie, diese Gläubige wurden Schia genannt, d.h. die „Anhänger derjenigen, die der Ursprung der „*wahj*“, Offenbarung, und des „*nabowat*“, Prophetentums, sind und Imame genannt werden. Nach Mobascheri gilt deshalb die Zuschreibung der „Schia“ diesen Gläubigen gegenüber, d.h. „im wahren Sinne des Wortes und nicht im übertragenen Sinn (gemeint sind andere Gruppen der Schia), wie später angenommen wurde.“ Mobascheri will, indem er sich auf den Schia–Glauben beruft, behaupten, daß das Aufkommen der Schia nicht den politischen und sozialen Auseinandersetzungen entstamme, sondern hauptsächlich religiös (islamisch) bedingt gewesen sei. Damit will er die Zwölfer-Schia als absolute islamische Wahrheit betonen und ablehnen, daß im Laufe der islamischen Geschichte andere Sektierungen der Schia wie die Kaisaniten, Zaiditen, Drusen, Ismailiten ... entsprechend der islamischen Wahrheit entstanden sind. Er meint, daß diese Gruppierungen im Gegensatz zur Zwölfer-Schia ausschließlich aufgrund der weltlichen (politischen, sozialen, ...) Interessen aufgekommen sind und von dem wahren Islam abweichen. Er lehnt weiter ab, daß man die Zwölfer-Schia als eine Konfession des Islam neben den anderen Konfessionen des Islam darstellt. Bei den religiös-schiitischen Argumentationen von Mobascheri merkt man, daß sie hauptsächlich auf dem islamisch-schiitischen Glauben beruhen.

Entsprechend dem schiitisch-islamischen Glauben vertritt Mobascheri die Ansicht, daß die erste Bedingung zum Erreichen jedes Ziels die Unterwerfung und die Akzeptanz gegenüber diesem Ziel wäre, genauso wie die Ablehnung des Ziels dessen Erreichung verhindert. Wenn der Mensch sich gegenüber der Vollkommenheit, „*kamal*", nicht unterwerfe, werde er nie aus der dunklen Festung des Körpers austreten, er werde nicht die Vollkommenheit erreichen. Man sollte die koranische Wahrheit als Ziel - so Mobascheri - im Auge halten und bereit sein, sie zu erreichen, die der Ursprung der Vollkommenheit sei. Diese Unterwerfung gegenüber der Vollkommenheit und dem Islam heiße „*iman*", Glaube. Islam heiße die Unterwerfung, „*taslim*", gegenüber der Wahrheit. Und die Ablehnung dieser Wahrheit bedeute „*kofr*", der Unglaube. Der „*kafar*", Ungläubige, sei der Feind Gottes, derjenige, der gegen die Wahrheit kämpfe.[62]

Nachdem wir die Bedeutung des Islam als Unterwerfung gegenüber der Wahrheit festgestellt haben, wollen wir als nächstes die Frage stellen, wie und von wem diese koranische Wahrheit interpretiert werden kann.

Die Begriffe „*wahj*", Offenbarung, im Sinne von „unverschleiert Sehen" und„*tanzil*", „Heruntersenden" (der Verse) charakterisieren im Islam ausschließlich das Prophetentum, die Beziehung von Gott zum Propheten. „*Tanzil*" stellt eine Bewegung von oben (Himmel/Gott) nach unten (dem Propheten) dar. Die Verse des Koran wurden von Gott Mohammad heruntergeschickt. Der Begriff „*tawil*", „Erklärung", charakterisiert dagegen speziell das Imamat in der Schia. Er stellt eine Bewegung in Richtung von unten nach oben dar. A. Mobascheri stellt in Bezug auf die Interpretation des Koran in der Schia-Religion folgendes fest:

> *Wenn wir annehmen, daß das Mittel der Mitteilung der göttlichen Vorschriften* wahj *(die Offenbarung) und* tanzil *(das Heruntersenden) ist, und die Sündenlosigkeit die Bedingung des Prophetentums und des Imamats darstellt, sollen wir folgerichtig annehmen,*

[62]Hierzu vergl.: H. Corbin, 1983, das Vorwort des Übersetzers, S.16-18 (pers.)

daß das Tor der tawil *Auslegung und der* tasfir *Interpretation nicht allen offen steht, und nur* masum *(der Sündenlose) anhand des Koran auslegen und interpretieren kann. Die äußere Gestalt des verborgenen Sinnes des heiligen Buches ist nicht von solcher Art, daß jeder und in jeder Hinsicht eine Bedeutung in ihm erkennen und es zutreffend auslegen könnte. Nach dem Glauben der Schia sind nur die doppeldeutigen Verse und Vorschriften oder die, die deutlich dem Verstand widerstreben, auslegbar, und zwar durch die sündenlosen Imame, die standhaft in den Kenntnissen sind.*[63]

Wie schon aus der oben zitierten Vorstellung der Schia ersichtlich ist, gehören die Offenbarung und das Herunterschicken (der koranischen Verse) zur prophetischen Fähigkeit, die auf der Beobachtung bzw. dem unverschleierten Sehen (Gottes) beruht.[64] Die Auslegung der koranischen Verse bzw. das Erraten ihres geheimen Sinnes ist ein Merkmal der Imame, das auf die Sündenlosigkeit der Imame als Erben und Bevollmächtigten des Propheten zurüchzuführen ist.

Die Sündenlosigkeit der Imame und auch die des Propheten läßt sich letzen Endes darauf zurückführen, daß sie zu „*olia allah*" den nahen Freunden Gottes, gezählt werden. Wir wollen noch auf den schiitischen Begriff „*wali*", des nahen Freundes Gottes, näher eingehen.

Nach H. Corbin[65] ist die Auslegung des Koran die Quelle der philosophischen Gedanken im Islam, die jedoch nicht nur auf die Anhänger der griechischen Philosophie, „Philosophen" (al-Farabi, Avicena, ...), und auf die Anhänger des „*kalam*" (Wortes), das die philosophische Richtung des sunitischen Islam darstellt, beschränkt bleibt. Die Schia hat nach ihm eine Philosophie begründet, die mit dem Urislam (Koran bzw. mohammedannischer Religion) von Anfang an überein gestimmt hat.

Der Hauptglaube der Schia ist nach Corbin auf eine **Erwartung** gerichtet, die nicht durch die Erwartung eines neuen Dogmas „*schariat*", sondern durch „die vollständige Offenbarung des geheimen Sinnes des Koran und

[63]Hierzu vergl.: H.Corbin, 1983, Vorwort des Übersetzers, S.15 (pers.)
[64]Hierzu vergl.: M. Henning, Koran (deutsche Übersetzung), Sure 42, Vers 5, 1981
[65]Hierzu vergl.: H. Corbin, S.39, 1983, (pers.)

der geistigen Bedeutung der himmlichen Werte in Erfüllung gehen soll."[66] Die Erwartung auf diese Erscheinung ist in der Schia-Religion in der Erwartung auf die Wiedererscheinung des „abwesenden" Imam dargestellt worden. Die Epoche des Prophetentums ist - so der Schia-Glaube - schon (mit Mohammad) abgeschlossen und die neue Epoche, die von „*wilayat*", hat diese abgelöst, und die Erscheinung des „entrückten" Imam wird das Ende der *wilayat*-Epoche darstellen.

Die Vollendung der prophetischen Kenntnisse in der Schia - so H. Corbin - sind die Kenntnisse der Imame.[67] Der Begriff „*wilayat*" stellt die lehrreiche Führung des Imam dar, der die Geheimnisse der Prinzipien des Glauben lehrt. „*Wilayat*" stellt einerseits die Bedeutung der Kenntnisse der Imame und andererseits die Bedeutung ihrer nahen Freundschaft (gegenüber Gott) dar. Nach Corbin kennzeichnet die Schia von diesem Gesichtspunkt aus betrachtet „*erfan*", die Gnosis des Islam.[68]

H. Corbin stellt fest, daß die Schia eine Religion der „*baten*", Innwendigkeit, darstellt.[69] Der Secretismus der Schia dreht sich - so Corbin - um zwei Brennpunkte, um das Schariat (Dogma) als rechtsbestimmenden und sozialen Aspekt der Schia-Religion und um die Wahrheit, die die geistige Bedeutung der koranischen Offenbarung darstellt.[70]

Es ist an dieser Stelle angebracht, die Rede des ersten Imam (Ali) bezüglich der Klassifizierungen der Menschen bei der Aufnahme der Kenntnisse zu dieser Feststellung H. Corbins hinzuzufügen, um diese beiden Pole der Schia-Religion noch anschaulicher zu machen. Imam Ali teilt die Menschen in drei Gruppen auf: 1. „*alemane rabani*",: Die göttlichen Kenntnis-Besitzer; diese sind der Prophet und die sündenlosen Imame, 2. diejenigen, die den erlösenden Anweisungen dieser Imame und des Propheten folgen und versuchen, die anderen auch auf diesen Weg zu bringen (kommen bei den Generationen selten vor), 3. die dritte Gruppe besteht aus Unzähligen, zu deren Herzen die Lehre des Propheten und der Imame keinen Zugang findet.[71] Die erste

[66] Hierzu vergl.: H. Corbin, S.41, 1983, (pers.)
[67] Hierzu vergl.: H. Corbin, S.42, 1983, (pers.)
[68] Hierzu vergl.: H. Corbin, S.47, 1983, (pers.)
[69] Hierzu vergl.: H. Corbin, S.57, 1983, (pers.)
[70] Hierzu vergl.: H. Corbin, S.59, 1983, (pers.)
[71] Hierzu vergl.: Imam Ali, „*nahdjol balaghe*", zitiert bei H. Corbin, S.59, 1983, (pers.)

Gruppe dieser Aufteilung besteht aus den Menschen, die über die Wahrheit der Religion Kenntnis besitzen. Die zweite Gruppe besteht aus den Menschen, die selbst über solche Kenntnisse nicht verfügen können, wenn sie sie nicht von den Imamen und dem Propheten vermittelt bekommen.

Also „*wilayat*" ist in dieser Hinsicht die Verfügbarkeit über die Geheimnisse (Kenntnisse) bzw. über die Fähigkeit der Belehrung dieser geistigen Geheimnisse. Der *wali* ist derjenige, der über diese Eigenschaft verfügt.

Die drei göttlichen Eigenschaften sind „*wilayat*", die nahe Freundschaft zu Gott, „*nabowat*", das Prophetentum, und „*resalat*", die Botschaft, - auf deren Unterschiede kommen wir noch zurück -, wobei die nahe Feundschaft als Kern bei den zwei anderen Eigenschaften auch besteht. Ein „*nabi*", Prophet, ist auch ein „*wali*", Freund Gottes. Ein „*rasul*", Botschafter Gottes, ist ein „*wali*" und auch ein „*nabi*" zugleich. Der Prophet Mohammad, der eine Schrift (Koran) durch die Offenbarung Gottes vermittelte, hat eine höhere Position als ein Imam. Der Unterschied bezieht sich nach der Schia auf die Position und nicht auf die nahe Freundschaft zu Gott. Während Mohammad die Gottes-Kenntnisse durch „*wahj*", die Offenbarung, bekommen hat, haben die Imame sie durch „*elham*", die Inspiration, bekommen.[72] Ohne die Offenbarung, die ja in unverschleiertem Sehen besteht, und ohne die Inspiration, die in geistigem Hören besteht, ist das Erreichen der höheren Stufe der Kenntnisse nicht möglich.[73]

Ein weiterer Grund der Schia-Religion für die Notwendigkeit der Existenz der Imame als Nachfolger des Propheten ist, daß es im Islam stets „*hodjat*", Beweise Gottes geben soll. Der Prophet ist - so die Schia-Religion - ein Beweis Gottes. Nach ihm sollen die Imame als weitere Beweise stets existieren.[74]

Die Schia-Religion bezieht sich in der Hinsicht des Nachfolgerechts der Imame auch auf eine „historische" Aussage des Propheten. Nach der Schia-Religion soll Mohammad Ali und die weiteren elf Imame als seine Nachfolger bestimmt haben. Er soll gesagt haben:

---

[72]Hierzu vergl.: H. Corbin, S.66, 1983, (pers.)
[73]Hierzu vergl.: H. Corbin, S.61, 1983, (pers.)
[74]Hierzu vergl.: H. Corbin, S.68, 1983, (pers.)

Gott möge nach mir Ali und die (elf) Bevollmächtigten, die von meiner Nachkommenschaft sind, beschützen, daß sie die Führer sind. Gott hat ihnen meine Kenntnis und mein Verständnisvermögen gewidmet, d.h. sie haben für die Redlichkeit meiner Nachkommenschaft für das Erreichen der Imamats-Position denselben Stellenwert, den ich habe.[75]

Es gibt einen Kommentar, der diese Eigenschaft der Imame in der Schia-Religion auf ihr Wesen als Licht zurückführt. Es heißt in der Überlieferung vom sechsten Imam der Schia, daß er gesagt haben soll:

Gott hat uns von dem Licht „nur" *seines eigenen* „djalal" *Glanzes (Ehre) geschaffen und von der Natur* „sereschte" *(unseres Lichtes) die Seelen unserer Schiiten.*[76]

Oder der fünfte Imam soll nach der Schia-Überlieferung gesagt haben:

Das Licht des Imam im Herzen der Frommen ist heller als die Sonne, die das Licht des Tages verbreitet.[77]

Das Licht und die Helligkeit haben in der Schia-Religion m.E. keine physikalische Bedeutung, sondern sie symbolisieren die Wahrheit bzw. die Kenntnis. Ich möchte an dieser Stelle jedoch darauf hinweisen, daß das Licht in der zarathustrischen Religion, der Religion des alten Iran, im Gegensatz zum schiitischen Islam an sich einen heiligen Stellenwert darstellt.[78] Daß das Licht und die Helligkeit im schiitischen Islam die Traditionsreste der zarathustrischen Religion darstellen könnten, schließe ich nicht aus.

Das Herz, „*ghalb*" oder „*del*", stellt in der Schia-Philosophie ein geistig-aufnehmendes Organ dar. H. Corbin begreift nach Molla Sadra, dem schiitischen Gelehrten, das Herz als ein, die Ratio, „*aghl*", tragendes empfindendes Organ. Es kann durch die innwendige und natürliche Fähigkeit die Wahrheiten aus dem, was der menschlichen Auffassungskraft zur Verfügung steht,

[75]Zitiert bei H. Corbin, S.70, 1983, (pers.)
[76]Zitiert bei H. Corbin, S.71, 1983, (pers.)
[77]Zitiert bei H. Corbin, S.71, 1983, (pers.)
[78]Hierzu vergl.: H. Lommel, 1971

begreifen. Wenn die vom Herz aufgenommenen Kenntnisse gelernt sind, die durch die Anstrengung, die aufmerksame Beobachtung und durch die Folgerung erlernt werden, dann sind sie Kenntnisse der Philosophen. Wenn diese Kenntnisse in der Form der Inspiration das Herz „überfallen", so heißen sie „*elham*". Kann die inspirierte Person den inspirierenden Gott nicht sehen, so ist diese Art der Inspiration die von Imamen und die von „*olia*", den nahen Freunden Gottes. Und wenn die inspirierte Person unmittelbar den Inspirierenden sieht, so ist diese eine „*wahje elahi*", göttliche Offenbarung, die von Gott dem Propheten offenbart wird. Also die gnostischen Kenntnisse als verschiedene Stufen der „*tadjali*", Offenbarung (Erscheinung), sind die Kenntnisse der Philosophen, die von Imamen und die der Propheten.[79]

Die Schia-Religion faßt ihre Geschichte als eine heilige Geschichte auf; sie ist nach der Feststellung von H. Corbin das Ergebnis qualitativer Auffassung und steht über den materiellen und empirischen Handlungen. Sie ist das Produkt übersinnlicher Auffassung. Die heilige Geschichte ist die Geschichte der geistigen Ereignisse. Sie sind entweder außerhalb der materiellen Geschichte geschehen, oder sie sind während dieser Geschichte passiert. Die Position des Propheten und der Imame kann man durch die heilige Geschichte erfassen und verstehen.[80]

Die heilige Geschichte besteht aus der Epoche des „*nabowat*", Prophetentums, und des Imamats oder *wilayat*, das sich nach der Prophetentumsepoche an sie angeschlossen hat. Sie ist keine Entwicklungsgeschichte, sondern sie kehrt wieder nach einem herabsinkenden Verlauf durch hinaufsteigenden Verlauf zu ihrem Ausgangspunkt zurück.[81]

Corbin stellt bei der Schia-Philosophie fest, daß das Dasein des himmlischen Menschen, dessen Erscheinung und Offenbarung der Prophet Mohammad ist, voraussetzt, daß der Auftritt dieser Erscheinung in der menschlichen Geschichte kontinuierlich ist, d.h. diese Göttlichkeit kann nicht historifiziert (vergänglich) werden.

Für die Geschichte gibt es nach Feststellungen von Corbin in der Schia zwei Grenzen: die jenseits der Geschichte (Metahistorie) ist der Vorfall im

---

[79] Hierzu vergl.: H. Corbin, S.78-79, 1983, (pers.)
[80] Hierzu vergl.: H. Corbin, S.88, 1983, (pers.)
[81] Hierzu vergl.: H. Corbin, S.89, 1983, (pers.)

Himmel (gemeint ist der Vertragstag „*misagh*“, bevor der Mensch in das materielle Leben eintrat) und das Ende ist der „*moad*“ (Auferstehungstag); zwischen diesen beiden Grenzen liegt die Geschichte.[82]

Im Diesseits ist der Mittelpunkt des Prophetentums der irdische Mensch, und um ihn herum liegt der Kreis der Propheten, und jeder Prophet ist ein Punkt dieses Kreises. Mohammad als der letzte Prophet schloß diesen Kreis, seine Botschaft war die vollkommene, grundsätzliche und absolute Botschaft gewesen. Von einem Propheten zu dem anderen, die nach der Überlieferung hundertvierundzwanzigtausend waren, von einem Botschafter zu dem anderen, die insgesamt hundertdreißig waren, und von einem gesandten Propheten zu dem anderen, die insgesamt sieben oder sechs waren, hat die Epoche des Prophetentums gedauert. Dies hat bis Jesus, der ein gesandter Prophet war und dessen Botschaft einen Teil der ganzen Wahrheit des ewigen Prophetentums ausmachte, gedauert. Mit der Erscheinung Mohammads wurde dieser Kreis als vollendet geschlossen. Er ist „*khatem-al-anbia*“, der Letzte der Propheten, als Erscheinung der ewigen Wahrheit des Prophetentums und als die Offenbarung des hohen Geistes und der Spiegel der vollen Reflexion des himmlichen Menschen.[83] Er soll selbst gesagt haben:

> *Ich bin hinsichtlich der Schöpfung der erste der Propheten und hinsichtlich des Prophetentums und der Erscheinung der Letzte von ihnen.*[84]

Während Mohammad als Abschluß des Prophetentums die Erscheinung des absoluten Prophetentums darstellte, war der erste Imam (Ali), der sein Bevollmächtigter und Erbe war, die Erscheinung und das Ende des absoluten *wilayat* (der Imamatsherrschaft). Die Teil-Erscheinungen des *wilayat* haben mit Seth, dem Sohn des Adam, der auch sein Imam gewesen ist, angefangen und mit Mahdi (dem entrückten Imam der Schia), der als Beendender des absoluten *wilayat* in der letzten Epoche des Prophetentums gilt, werden sie beendet.[85]

---

[82] Hierzu vergl.: H. Corbin, S.90, 1983, (pers.)
[83] Hierzu vergl.: H. Corbin, S.93-94, 1983, (pers.)
[84] Zitiert bei H. Corbin, S.94, 1983, (pers.)
[85] Hierzu vergl.: H. Corbin, S.95, 1983, (pers.)

Der Glaube an „*ghejbat*“, die Abwesenheit des Zeit-Imam

Die Bedeutung “*saheb al-zaman*“ (Zeit-Besitzer) im Sinne von „der Imam der Zeit“ ist außer der *wilayats*- und Imamatsherrschaft das Hauptmerkmal des abwesenden Imam der Schia. Er ist der Imam, der abwesend von der sinnlichen Wahrnehmung in den Herzen der Frommen anwesend ist. Er bleibt bis zu seiner wirklichen Wiedererscheinung in der Welt nur in der Inspiration anwesend und sichtbar. Seine Wiedererscheinung für die Menschen bedeutet für sie ihre sittliche Erziehung und die Erneuerung ihrer geistigen Welt.[86] Seine Erscheinung offenbart die Wahrheit und den Sieg der „*tawil*“, Auslegung, die das Hauptmerkmal der Imame gewesen ist. Der abwesende Imam wird kein neues heiliges Buch und keine neuen Gesetze mitbringen, sondern er wird alle Bedeutungen der Werte und des Koran offenbaren, da er selbst ein vollkommener Mensch ist. Deshalb ist er die Wahrheit der „*wahj*“, Offenbarung und des „*tanzil*“, Heruntersendens (der koranischen Verse), und das Geheimnis der ewigen Wahrheit des Prophetentums. Die Bedeutung der Wiedererscheinung des Imams ist die Erscheinung der Vollkommenheit der Menschheit, die im Herzen der Frommen aufblühen wird.[87] Und diese Wiedererscheinung ist keine Tat - so Corbin -, die an einem Tag passiere, sondern sie passiert tagtäglich im Herzen der schiitischen Frommen. Die „*moad*“ (der Auferstehungstag und das Jüngste Gericht) ist in der Schia-Religion mit der Vorstellung des abwesenden Imam, der auferstehen wird, um die Welt voller Gerechtigkeit und Billigkeit zu machen, wo diese von Ungerechtigkeit und Rohheit erfüllt ist, verbunden. Nach der Überlieferung der Schia soll Mohammad über diese Auferstehung gesagt haben:

> *Wenn ein Tag vor dem Ende der Welt übrig geblieben wäre, wird Gott den Tag so lang machen, daß ein Mann von meiner Nachkommenschaft, dessen Name mein Name und dessen Beiname mein Beiname sein wird, erscheint. Er wird die Erde voller Harmonie und Gerechtigkeit machen, wie diese bis zu der Zeit voller Ungerechtigkeit und Rohheit geworden sein wird.*[88]

[86] Hierzu vergl.: H. Corbin, S.99, 1983, (pers.)
[87] Hierzu vergl.: H. Corbin, S.103, 1983, (pers.)
[88] Zitiert bei H. Corbin, S.100, 1983, (pers.)

Der religionshistorische Aspekt der Entstehung der Erlösungsreligion Zwölfer-Schia

> Ja wo immer das Werk eines geglaubten Retters nicht getan oder nicht zu Ende getan erscheint, hat der Volksglaube aus dem toten Retter einen bloß entschwundenen gemacht, einen Siebenschläfer, der auf seinen Tag wartet.[89]

Die Philosophie der Schia ist von H. Corbin im Rahmen des schiitischen Glaubens und anhand der vielen schiitischen Kenntnisse, die in den verschiedenen Epochen von den berühmten und von der Schia anerkannten Denkern gesammelt wurden, dargestellt worden. Abgesehen von manchen Parallelen zwischen der Zwölfer-Schia und der Ismailiten-Schia, welche bei A. Mobascheri (dem persischen Übersetzer) als „nicht schiitische" Gedanken kritisiert worden sind, basiert seine Untersuchung überwiegend auf den gültigen Quellen der Schia-Religion, die meistens in der Form der Überlieferung als Forschungsquelle der Schia gelten.

Für das Verständnis der Schia-Religion sind jedoch auch die religionshistorischen Untersuchungen und Darstellungen der Schia von Bedeutung, die auf die sozialen, politischen und kulturellen Konflikte und Auseinandersetzungen innerhalb der islamischen Welt eingehen und versuchen, den sozialen Aspekt bei der Religionsentstehung, der -entwicklung und dem Aufkommen der verschiedenen Sekten hervorzuheben.

In diesem Zusammenhang hat Heinz Halm in „Die islamische Gnosis" versucht, die religionshistorischen und soziokulturellen Hintergründe der Entstehung der islamischen Gnosis darzustellen. Er führt die gnostische Deutung des Koran auf die einst im Irak entstandene und als Häresie gebrandmarkte gnostische Lehre zurück.[90] Die ursprünglich gegen „*touhid*", die Einheit Gottes (Grundprinzip des Islam), entstandene Gnostik sollte, um sich zu bewahren, im islamischen Gewand auftreten. Über die Bekämpfung der gnostischen Ketzerei durch die schiitische Ortodoxie schreibt er:

> *Erst in der Abwehr der als fremd empfundenen Lehren hat sich die Theologie der Orthodoxie, besonders die schiitische Orthodoxie*

[89] E. Bloch, S.131, (1932)
[90] Hierzu vergl.: H. Halm, S.9, 1982

*der Imamiten, herausgebildet; sie hat die Lehren der Gnostiker in den eigenen Reihen als „Übertreibung“ (*ghuluw*) gebrandmarkt, als Häresie ausgeschieden und schließlich zu einem sektiererischen Winkeldasein verdammt.*[91]

Nach H. Halm hat sich die gemäßigte schiitische Orthodoxie im Abwehrkampf gegen den *ghuluw* im 8.Jh.n.Chr. erst eigentlich herausgebildet.[92]

Er will in seinem Buch die Hauptthese vertreten, daß dem *ghuluw* (Übertreibung) in seinen verschiedenen Formen und Erscheinungen eine Erlösungsreligion mit dem gleichbleibenden mythologischen Grundmuster zugrunde liegt. Er schreibt:

Im vorliegenden Buch soll dokumentiert werden, daß der ghuluw *- trotz seiner scheinbaren Zersplitterung in zahlreichen Sekten und Grüppchen - von seinen Anfängen im 7.Jh. bis zu seinen bis heute überlebenden Resten im Grunde einen einzigen ununterbrochenen Traditionsstrom darstellt, eine Erlösungsreligion mit stets gleichbleibendem mythologischen Grundmuster und einheitlicher, unverwechselbarer Terminologie.*[93]

Aus der historischen Studie H. Halms geht hervor, daß die Erlösungsidee nach dem Tode fast jedes schiitischen Imams, aber auch manches anderen Heiligen bei den jeweiligen Gruppen und Sekten hypostasiert worden ist. Wie anhand seiner Untersuchungen zu zeigen ist, weist die Zwölfer-Schia zu den Religionen und Sekten, die unter dem Namen der *„ghalat“*, Übertreiber, bekannt sind, Unterschiede auf. Die *ghalat*-Sekten haben im Gegensatz zu der Zwölfer-Schia, obwohl diese ihrerseits den Stellenwert und die Position der Imame besonders hervorgehoben hat, den Stellenwert und die Position der Imame im Vergleich zu der des Propheten Mohammad und der Gottes übertrieben, so daß man bei ihnen, vom Gesichtspunkt des Urislam aus betrachtet, von *„scherk“*, Vielgötterei, reden könnte. Dies bedeutet jedoch nicht, daß die Zwölfer-Schia keine Erlösungsreligion wäre. Sie ist aufgrund ihrer

[91] Hierzu vergl.: H. Halm, S.11, 1982
[92] Hierzu vergl.: H. Halm, S.25, 1982
[93] Hierzu vergl.: H. Halm, S.25, 1982

Philosophie, wie von H. Corbin gezeigt wurde, aufgrund ihrer Imamats- bzw. *Wilayats*philosophie und speziell aufgrund ihrer Erwartungsphilosophie, die bei der Vorstellung der Wiedererscheinung des abwesenden Imam zum Ausdruck kommt, eine Erlösungsreligion. Und unter diesem Gesichtspunkt zeigt die Zwölfer-Schia mit der *ghalat*-Schia (Übertreiber-Schia) Ähnlichkeiten.

Nach dem Tode Alis (40/661), des ersten Imam der Schia, wurde die Hoffnung wach - so H. Halm -, daß der scheinbar Tote in Wahrheit jedoch entrückt ist, um selbst zurückzukehren und siegreich an die Spitze seiner Partei zu treten.[94]

H. Halm stellt fest, daß die zentrale gnostische Lehre von Saba, einem Schiiten zur Zeit des ersten Imam, dessen Name die Sekte der Sabaiten kennzeichnet, eine Lehre gewesen ist, nach der Ali nicht gestorben sei, sondern verborgen ist, um als Rechtgeleiteter, „*mahdi*", wiederzukehren, um die Erde mit Gerechtigkeit und Billigkeit zu erfüllen, wie diese jetzt von Ungerechtigkeit und Tyrannei erfüllt ist.[95]

Nach dem Tode Hosseins (61/680), des dritten Imam der Schia, bzw. nachdem sein Aufstand gegen die Umayyaden-Dynastie in Kerbela blutig niedergeschlagen wurde, fand in der Stadt Kufa ein Aufstand unter der Führung *Mokhtars* statt, der Hosseins Bruder *Mohammad ibn Al-Hanafija* als vierten Imam auf den Thron setzen wollte. Diese Bewegung trägt den Namen Kaisan und ist als Kaisaniten-Aufstand bekannt, welchem sich auch die Sabaiten angeschlossen haben sollen.[96]

Nach dem Tode von Mohammad ibn Al-Hanafija glaubten die Kaisaniten nicht an seinen Tod. Eine andere Gruppe glaubte an seinen Sohn Haschim als Imam.[97] Die nach dem Tode Abu-Haschims nicht mehr auf eine bestimmte Person fixierte Mahdi-Erwartung, die die haschimitische Propaganda im Irak und im fernen Khorasan schürte, hat schließlich zum Sturz der Umayyaden-Dynastie geführt, doch in ganz anderer Weise, als die Haschimiten erwartet

[94]Hierzu vergl.: H. Halm, S.26, 1982
[95]Hierzu vergl.: H. Halm, S.36, 1982
[96]Hierzu vergl.: H. Halm, S.46, 1982
[97]Hierzu vergl.: H. Halm, S.8, 1982

hatten.[98] Abu-Abbas wurde unter dem Mahdi-Namen der Begründer der Abbasiden-Dynastie im Irak.

Nachdem Abu-Muslim, der Propagandist der Abbasiden, vom Abbasiden-Kalifen Al-Mansur ermordet wurde, galten als Erben Abu-Haschims entweder die Abbasiden-Kalifen oder für eine andere Gruppe Abu-Muslim. Diese letztere Gruppe glaubte, daß das Imamat von Abu-Haschim auf Abu-Muslim übertragen worden sei, obwohl Abu-Muslim nicht dem Haschimiten-Clan entstammte. Man glaubte nicht an seinen Tod, sondern an seine Wiederkehr als Erlöser.[99]

Hosseins anderer Sohn Ali (*Zein al-Abedin*) starb in Medina im Jahre 94/713, ohne politisch hervorgetreten zu sein. Sein Sohn Abu-Djafar Mohammad (*al-Bagher*) lebte als fünfter Imam der Schia in Medina und starb dort 117/735. Sein Bruder Zaid, der unter der Regierung des Kalifen Haschim 121/739 in Kufa einen bewaffneten Aufstand durchführte und dabei seinen Tod fand, eröffnete die Reihe der zaiditischen Imame (einer anderen Richtung der Schia) auf der Grundlage der Erlösungsreligion.[100]

Djafar-as-Sadigh, der Sohn von Mohammad al-Bagher, der sechste Imam der Schia, war der letzte Imam, der ein friedliches Leben in Medina geführt hat. Er war Zeitgenosse der Abbasiden-Revolution (132/749-50) gegen die Umayyaden-Dynastie, die die Hoffnung der Schia zunichte machte: die Abbasiden bemächtigten sich selbst des Kalifats und dachten nicht daran, einen Aliiden an die Spitze des Staates zu stellen.[101] Sein Tod wurde Anlaß zur Bildung mehrerer schiitischer Sekten, da die Frage seiner Nachfolge umstritten war.

Der Kalif Harun-ar-Raschid ließ im Jahre 179/795 den Imam Musa, den siebten Imam der Zwölfer-Schia, von Medina nach Bagdad bringen, um die schiitische Aspiration unter Kontrolle zu halten. Er lebte bis zu seinem Tod 183/799 unter haftähnlicher Aufsicht in Bagdad.

[98] Hierzu vergl.: H. Halm, S.80, 1982
[99] Hierzu vergl.: H. Halm, S.83, 1982
[100] Hierzu vergl.: H. Halm, S.85, 1982
[101] Hierzu vergl.: H. Halm, S.233, 1982

Der achte Imam der Schia und Sohn des Musa-al-Kasim starb 203/818 in Khorasan, wohin er den Abbasiden-Kalifen begleiten mußte.[102] Von Schiiten wird behauptet, daß Al-Mamun, der Kalif, ihn beseitigt (vergiftet) habe. Dieser Glaube wird jedoch als unwahr von H. Halm zurückgewiesen.[103]

Der neunte Imam, Mohammad-al-Djawad, war nach dem Tode seines Vaters Al-Rida wieder nach Medina zurückgebracht worden. Schon im Jahre 220/835 ließ der Kalif Al-Mutazim ihn erneut in den Irak depotieren; im selben Jahr starb der Imam in Bagdad.[104]

Der zehnte Imam der Schia, Ali-al-Naghi, ist als unmündiger Sohn des neunten Imam vom Kalifen Al-Mutawakil in die neue Residenz der Abbasiden Samarra am Tigris deportiert worden, wo er 254/868 starb.

Der elfte Imam, Abu-Mohammad-al-Hasan, verbrachte wie sein Vater fast sein ganzes Leben im Heerlager der Abbasiden in Samarra. Als er im Jahre 260/874 im Alter von 28 Jahren starb, hinterließ er nach der Schia-Religion bzw. -Überlieferung einen Sohn als den zwölften Imam. H. Halm bestreitet, daß der elfte Imam einen Sohn hinterlassen hat.[105] Er stellt fest, daß der Tod des elften Imams eine Krise für das Imamat hervorgerufen hat. Er stellt dar, daß von einer Gruppe der Schiiten die Wiederkunft des entrückten elften Imam selbst erwartet wurde. Eine andere Gruppe glaubte daran, daß das Imamat vom verstorbenen Imam auf seinen Bruder Djafar übertragen worden war. Von einer anderen Gruppe wurde ein imamloses Interregnum (*fatra*) postuliert. Diese Glaubensvorstellungen kommen jedoch m.E. bei der Zwölfter-Schia nicht vor. Wie H. Halm als eine Variante des Schia-Glaubens festgestellt hat, glaubt die Schia daran, daß der zwölfte Imam schon als Minderjähriger entrückt war und als *Mahdi*, Erlöser, wiederkehren werde.[106]

Die Entrückung des zwölften Imam ist nach der Schia-Überlieferung zweimal geschehen: die kleine Entrückung, „*ghejbat-e sogra*", hat siebzig Jahre gedauert. In dieser Zeit hat der abwesende Imam vier (oder dreizehn) Stellvertreter gewählt, so daß seine Schiiten durch diese Stellvertreter sich mit

[102] Hierzu vergl.: H. Halm, S.234, 1982
[103] Hierzu vergl.: H. Halm, S.234, 1982
[104] Hierzu vergl.: H. Halm, S.275, 1982
[105] Hierzu vergl.: H. Halm, S.276, 1982
[106] Hierzu vergl.: H. Halm, S.276, 1982

ihm in Verbindung setzen konnten. Der Imam hat jedoch in seinem letzten Brief seinem Stellvertreter Ali Simiri befohlen, daß dieser keinen weiteren Stellvertreter für sich bzw. für den Imam wählen soll, da die Zeit für seine große Abwenheit eingetroffen sei. In der Zeit der großen Abwesenheit, „*ghejbat-e kobra*", sind seine Stellvertreter die Rechtsgelehrten, „*foghaha*", die nach Ayatollah Khomeini als „zweitrangige Erben und Bevollmächtigte des Propheten" gelten.[107]

Der Urkonflikt zwischen der Schia und der Sunna

Der Konflikt zwischen Schia und der Sunna führt uns in die Zeit nach dem Tode des Propheten und die Frage des Nachfolgerechts zurück. Die Schiiten glauben an das von Mohammad selbst zu seiner Zeit ausgesprochene Nachfolgerecht für Ali als Imam (Erbe und Bevollmächtigter des Propheten) bzw. für die folgenden Imame der Schia. Sie versuchen dies durch die Überlieferung, wie hier dargestelt wurde, zu belegen. Die Sunniten gehen davon aus, daß der Prophet Mohammad keinen Nachfolger für sich bestimmt hat.

In der Tat, wie Schiiten und Sunniten bestätigen, wurden aufgrund des islamischen Konsensbeschlußes in Medina direkt nach dem Tode Mohammads Abu-Bakr, Omar, Osman und Ali jeweils als erster, zweiter, dritter und vierter Kalif des Islam gewählt. Es wurde ihnen von „*ommat*", der islamischen Gemeinde, gehuldigt.

Es gibt keine schiitische Überlieferung darüber, daß Ali gegen seine Vorgänger militärisch etwas unternommen hätte. Obwohl er und seine Anhänger nach schiitischer Überlieferung mit der Wahl der drei Vorgänger Alis nicht einverstanden gewesen sind, haben sie nicht offen dagegen protestiert oder sich von der *ommat* abgesondert, während Ali gegen den Stadthalter von Damaskus, Moawija, der sich nach dem Tode des dritten Kalifen des Islam, Osman, als sein Nachfolger ausgerufen hatte, Krieg geführt hat. Ali wurde 40/661 durch das Attentat des Kharedjiten Ibn-Moldjam ermordet.

Ein wichtiges Merkmal des ersten Imam der Schia ist m.E. darin zu sehen, daß er im Gegensatz zu seinen elf Nachfolge-Imamen über die Staatsgewalt

[107] Hierzu vergl.: A. R. Khomeini, 1978, (pers.)

und -macht des Islam verfügt hat, die über ein großes Herrschaftsgebiet waltete. Für die Zwölfer-Schia ist seine *wilayat*-Herrschaft ein großes Musterbeispiel für die Gerechtigkeit, wovon sie bis heute noch träumen.

Nach Ali übernahm sein ältester Sohn Al-Hasan als zweiter Imam der Schia das Amt. Zu seiner Zeit hatte Moawija schon als Umayyaden-Kalif und Begründer der Umayyaden-Dynastie in Damaskus seine Herrschaft über das islamische Reich verbreitet. Der Imam lebte in Medina und hatte sich aus dem politischen Leben zurückziehen müssen. Er starb - nach der Schia-Überlieferung wurde er vergiftet - im Jahre 49/669 in Medina, wo er auch begraben ist.

„*Schahadat*", der Märtyrertod als Endsieg für das ewige Leben, die Tragödie von Karbala

Nach der Schia-Überlieferung ist kein Imam eines natürlichen Todes gestorben, sondern alle Imame sind ermordet worden. Also gelten sie als Märtyrer. Aus der Schia-Überlieferung geht ebenfalls hervor, daß kein anderer Imam außer dem ersten und dem dritten Hossain für die Verteidigung seines Amtes als Führer der Muslime Krieg geführt hat. Die anderen Imame haben gemäß der schiitisch-politischen Haltung „*taghija*" ihre religiöse Gesinnung verheimlicht bzw. sich von der Konfrontation mit den großen islamischen Mächten zurückgehalten. Der einzige im Kampf gefallene Märtyrer-Imam ist in der Schia-Religion der dritte Imam, auf den der Ursprung des schiitischen Martyriums zurückgeht. Imam Hossain ist in der Schia „*sejjed-al-schohada*" der Herr aller Märtyrer.

Der nach der Überlieferung kräftemäßig ungleiche, als niederträchtige Tat des Feindes angesehene Vorfall „*waghee*" von Karbala stellt sich für den Anhänger als Tragödie, durch ihre Opferbringung aber als die historisch bedeutendste Maßnahme für die Rettung des Islam dar. Die Erinnerung an diese Tragödie, die durch die Darstellung des Vorfalls von den für diese Zeremonie spezialisierten Predigern hervorgerufen wird, ist mit der starken Trauerstimmung, die in der Form von Heulen und Weinen und Selbst-Geißeln zur Erscheinung kommt, verbunden.

Der Schiite konzentriert sich bei „*rouse*", einer Beschreibung, die den Vorgang des Martyriums bei der Tragödie von Karbala detailliert beschreibt, und bei „*nouhe*", der schiitischen Elegie mit Vehemenz auf bestimmte Bilder der Verstümmelung von Körperteilen der Märtyrer, Bilder des Verdurstens kleiner Kinder bei der Unerträglichkeit der erhitzten Wüste von Karbala, bzw. auf bestimmte Beschreibungen der maßlosen Brutalität und der Rohheit des Feindes.

Die Trauerzeremonie für die Märtyrer von Karbala läßt sich in zwei Formen voneinander unterscheiden. Sie läßt einerseits eine Art Opferhaltung erkennen, die die böse Tat am Märtyrer mit einer starken Wehmut anklagt, andererseits geht es bei dem schiitischen Prozessionszug darum, Rache für den Märtyrer-Imam zu verlangen. Die Kehrseite der Opferhaltung des schiitischen Anhängers ist seine Kampfbereitschaft für die Rache.

Sowohl die klagende Form der Trauer (*rouse* und *taazije*), bei der der Gläubige den Märtyrer als unschuldiges Opfer beweint, als auch die herausfordernde Form (Prozessionszug), bei der der Gläubige in der kämpferischen Stimmung durch das Selbst-Geißeln die Märtyrer als Vorkämpfer der Gerechtigkeit feiert, handelt von einer Erlösungsvorstellung der Schia-Religion, die Opfer als Endsieg zu feiern. M. Jafri stellt fest, daß das Ziel des Kampfes von Kerbela für den Imam Hossain darin bestanden hätte, durch Leiden und Opferbringung den Endsieg dauerhaft zu machen.[108] Die Leidensvorstellung vom erschwerten Dasein der Märtyrer von Kerbela ist nach der Schia-Überlieferung auf das vom Gott bestimmte Schicksal zurückzuführen. Nach schiitischer Überlieferung entschied sich Mohammad, von Gott vor die Wahl gestellt, ihm entweder seinen Sohn Ibrahim oder seinen Enkel Hossain durch einen großen Erlösungstod zu opferen, für Hossain. Der Wille Gottes setzte sich in Hossains Martyrium durch. Hossain soll selbst über seinen Tod gesagt haben:

> *Der Tag, der mit dem Schreibrohr (Gottes) geschrieben wurde,*
> *ist unvermeidlich.*[109]

Er soll zu seinem Bruder Mohammad-al-Hanafija gesagt haben:

[108] Hierzu vergl.: H.M. Jafri, 1979

[109] Hierzu vergl.: A.H. Šaraf ad-din, S. 77, 1967

Der Prophet kam zu mir und sagte: oh Hossain, geh, Gott will, daß du zum Märtyrer wirst.[110]

Nach der Überlieferung und wie es durch die Trauer-Zeremonie dargestellt wird, stellt Yazid, der zweite Kalif der Umayyaden-Dynastie, den verfluchten Feind, die Inkarnation alles Bösen und der Ungerechtigkeit dar. Er ist im Gegensatz zum „*mazlum*" unterdrückten Imam Hossain ein „*salem*" Unterdrücker.

Der Imam Hossain gilt für den Schiiten als der der islamischen Wahrheit bzw. Gott unterwürfige Muslime. Das Imamat des dritten Imam bestand darin, durch die Opfertat die Religion zu retten. Die Schia-Religion konnte sich durch diese Opferbringung dauerhaft machen. Der Tod Hossains im Sinne eines Martyriums bedeutet keine Vernichtung, sondern die Rückkehr zu Gott im Sinne eines ewigen Lebens.

Die Tragödie von Karbala ist aufgrund ihrer durch die Trauer um Imam Hossain und seine Genossen ermöglichte Kompensation in Bezug auf das Schuldgefühl des schiitischen Anhängers bzw. seine Schuldreinigung der wichtigste kulturelle Stützpunkt der Schia für den Zusammenhalt der schiitischen Massen. Der Schiite hofft als sündiger Moslem auf die Schuldreinigung durch die Vermittlung des Märtyrer-Imam im Jüngsten Gericht, indem er ihn beweint. Der Imam Hossain gilt andererseits als starkes Vorbild des schiitischen Kämpfers gegen die Unterdrückung und die Tyranei.

Ein kurzer Überblick und eine Rekonstruktion der Tragödie von Karbala nach der Schia-Überlieferung, die auch in der Trauer-Zeremonie zur Erinnerung an dieses Ereignis und für die Mobilisierung der religiösen Gefühle dargestellt wird, mag an dieser Stelle den schiitisch-islamischen Wert dieser Tragödie noch anschaulicher machen.

Mit dem Tod Moawijas, des letzten Kalifen von politischer Bedeutung aus der ersten Generation des Islam, maßte sich dessen Sohn Yazid im März 680 n.Chr. das Kalifat an. Nach der Schia-Überlieferung war er der erste Kalif, der öffentlich Wein trank.

---

[110]Hierzu vergl.: A.H. Šaraf ad-din, S.78, 1967

Yazid fehlte noch zur Festigung seiner islamischen Autorität seine Anerkennung (Huldigung) durch die vier bedeutendsten und anerkanntesten Persönlichkeiten der zweiten Generation: der Söhne der prominentesten Prophetengefährten Abd Allah ibn az-Zubayr, Abd Allah ibn Umar, Abd ar-Rahman ibn Abi Bakr und besonders des einzigen Enkelsohnes Mohammads, Hossain ibn Ali. Im Auftrag Yazids ließ der Gouverneur von Medina Al-Walid mit dem Befehl, im Falle der Huldigungsverweigerung ihn zu köpfen, nach Hossain schicken.

Als Hossain mit seiner Familie und den meisten Haschimiten (den Leuten vom Propheten-Clan) daraufhin nach Mekka floh, wendeten die meisten Leute sich ihm zu, da er das Abstammungsrecht vom Propheten und Ali in sich vereinigte. Jafri vertritt die Meinung, wie dies auch von der Schia-Religion behauptet wird, daß das Handeln Hossains vom Beginn seines Widerstandes gegen Yazid bis zu seinem Martyrium als eine Strategie zu interpretieren sei, nämlich daß Hossain auf ein viel höheres Ziel als den bloßen Antritt des Kalifates aus gewesen sei.[111] Hosains höchstes Ziel war, so die Schia-Überlieferung, durch die Opferbringung eine Revolution im religiösen Bewußtsein der Moslems auszulösen, da die islamischen Werte nach dem Generationswechel und durch die Umayyaden-Herrschaft in Gefahr gerieten, verloren zu gehen.

Nach Jafri gibt es keine Beweise, daß Hossain in Mekka versuchte, unter den Leuten, die sich um ihn versammelten, aktive Anhänger zu gewinnen oder seine Sache unter den vielen, die nach Mekka zur Hadsch kamen, zu propagieren, oder daß er versuchte, mit Hilfe von Sendboten eine Rebellion in Provinzen wie Yemen und Persien, die ihm zugetan waren, zu schüren. Mehrmals forderten die Führer der Bewegung in Kufa Hossain auf, sich zu beeilen. Trotz Hunderten von Briefen und Appellen der Kufiten an Hossain ließ er die Situation dort von seinem Cousin Muslim ibn Agil prüfen. Dieser versicherte ihm in einem Brief über das Ausmaß der kufischen Begeisterung, Tausende von Gelöbnissen der Unterstützung religiös ergebener Leute. Trotz mehrfacher Warnungen von verschiedenen Seiten kufischen Versprechungen nicht zu trauen, von deren Wankelmut und verräterischen Natur in der Stunde der Prüfung schon Hossains Vater Ali und sein Bruder Hassan betrogen worden

[111] Hierzu vergl.: H.M. Jafri, 1979

waren, entschied sich Hossain, in den Irak zu gehen, bestärkt durch Abd Allah ibn az-Zubayr, der selbst in Mekka freie Bahn haben wollte.

Yazid beauftragte angesichts von Muslims Ankunft in Kufa und der Unterstützung des Volkes seinen starken Mann Ubayd Allah ibn Ziyad, den Gouverneur von Basra, in einem Brief auch für Kufa die Verantwortung zu übernehmen und unverzüglich die schiitische Bewegung zu zerschmettern, was dieser mit Zuckerbrot und Peitsche bewerkstelligte.

Die Kufiten, bekannt für ihren Mangel an Entschlossenheit, getroffen von Ehrfurcht und Angst, verließen Muslim, der nach einem vergeblichen Versuch, eine sofortige Revolte zu organisieren, gefangen und enthauptet wurde. Am selben Tag verließ Hossain Mekka mit seiner Familie und Freunden und ging in den Irak.

Jafri meint, daß Hossain im vollen Bewußtsein dessen, was passieren würde, gehandelt habe. Er wußte von seinem Tod und seiner militärischen Niederlage. So berichtet uns auch die Schia-Überlieferung, nach welcher Hossain angesichts der traurigen Neuigkeiten in Kufa seine Begleiter bat, ihn zu verlassen und sich in Sicherheit zu bringen. Diejenigen, die sich ihm in der Hoffnung auf materiellen Gewinn angeschlossen hatten, verließen ihn daraufhin.

Es wurden nach der Schia-Überlieferung 1000 Mann geschickt, um Hossain zu hindern, nach Kufa zu kommen. Hurr, der sich später dem Hossain anschloß, ließ diesen den Euphrat entlang weiterziehen. Der Befehl von Ibn Ziyad ordnete an, daß den Rebellen keine Rast zu gestatten sei, außer an einer wasser- und befestigungslosen Stelle in der Wüste.

Hossain erreichte die Ebene von Kerbela und errichtete die Zelte. Die Situation verschlechterte sich noch durch die Ankunft von 4000 Mann unter Umar ibn Sad. Dieser verlangte nochmals, die Rebellen hätten Yazid zu huldigen. Drei Tage vor dem Massaker hinderte man sie, den Fluß zu erreichen. Die Wüstenhitze und der Durst waren kaum zu ertragen. In einem waghalsigen Ausfall vermochte Hossains Bruder nur wenige Wasserhäute zu füllen. Das Wasser konnte er jedoch nicht zum Zeltlager bringen, da er brutal vom Feind angegriffen wurde und als Märtyrer fiel.

Ibn Sad versuchte vergeblich mittels Verhandlungen das Blutvergießen des Prophetenenkels zu verhindern, da eine neue Order Ibn Ziyads befahl, unverzüglich anzugreifen, oder das Kommando an den Überbringer (der Order) Schimr zu übergeben. Ibn Sad warnte: Im Falle von Hosains Tod sei dessen Leiche zu zertrampeln, da er ein Rebell, eine aufrührerische Person und ein Räuber und Unterdrücker sei.

Daraufhin bat Hosain alle seine Gefährten, ihn im Schutze der Nacht zu verlassen und sich in Sicherheit zu begeben. In unerschütterlicher Hingabe an die Sache weigerten sich Hosains Gefährten einmütig, wegzugehen oder Hosain zu überleben.

Am Morgen des schicksalhaften 10. Muharram stand Hosain vor den Zelten seiner kleinen Armee von 72 Mann: 32 Berittenen und 40 Feldsoldaten; vom 70-jährigen Haschim ibn Awsaja bis zum 4-jährigen Qasem. Hosain bereitete sich vor, indem er den Umhang des Propheten umlegte, sich mit Moschus parfumierte, und sich in erhobener Hand den Koran, auf dem Rücken des Pferde seinen Feinden nährte. Dabei rief er Gott in einer langen Rede an, wobei er sich Gott anheimstellte. Gott bleibt die einzige Hoffnung in dieser Not und Bedrängnis, als Versprechen in der Angst, gegen die Schwäche des Herzens, die Verlassenheit von den Freunden und wenn der Feind ein heimtückisches Vergnügen am eigenen Unglück hat.

Er redete, kurz bevor der Kampf losbrach, seinen Feinden ins Gewissen bezüglich der Rechtmäßigkeit dessen, was sie vorhatten, nämlich seiner unverletzlichen Hochheiligkeit Gewalt anzutun. Er erinnerte an seine Verwandtschaft mit der Prophetenfamilie und fragte, ob all dies genügte, um sie von dem Vergießen seines Blutes abzuhalten:

> *....von Osten bis Westen würden sie keinen zweiten Enkel des Propheten wiederfinden als ihn.*[112]

Während des Kampfes richtete er wiederholt nach jedem Verlust unter seinen Anhängern vergeblich Appelle an die religiösen Gefühle seiner Feinde:

> *Niemals werde er sich erniedrigen, wie ein Sklave.*[113]

[112]Zitiert bei H.M. Jafri, 1979
[113]Zitiert bei H. M. Jafri, 1979

Den ganzen Tag wechselten sich Dialog ab mit Zweier- oder Gruppenkämpfen. Schimr entfernte sich beschämt, als seine Kameraden ihn daran hinderten, das Zelt Hosains und seiner Familie in Brand zu setzen.

Als letzter Übriggebliebener tröstete Hosain noch einmal die erschreckten und kummergeschüttelten Frauen und sagte ihnen ein letztes Mal Lebewohl; als er ein durstiges Kind dem Feind zeigen wollte, wurde es in seinem Arm von einem feindlichen Pfeil getötet. Es entspann sich ein Gefecht zwischen Schimr und Hosain, bis Hosain sich schließlich auf die Umayaden warf und getötet wurde.

Nach beendeter Schlacht plünderten die Soldaten die Zelte, bemächtigten sich der Kleider, seines Schwertes und der Dinge, die er trug, des Schmucks, des Gepäcks und der Kopfbedeckungen der Frauen, des Felles, auf das der kranke Sohn Hosains gebettet war. Hosains Körper wurde zertrampelt von den Pferden berittener Soldaten; die enthaupteten und unbedeckt liegengelassenen Körper wurden später von dem Stamm der Bani Asad begraben.

Am 12.Muharram wurden auf einer Prozession 72 abgeschlagene Köpfe auf den Speerspitzen der siegreichen Soldaten, gefolgt von den gefangenen Frauen der Prophetenfamilie und dem riesigen Umayaden-Heer von Karbala nach Kufa gebracht. Dort schlug Ibn Ziyad wieder und wieder mit einem Rohrstock auf die Lippen des Kopfes von Hosain, der auf einem Tablett vor ihm lag. Dies sehend verließ der alte Prophetengefährte Zayd ibn Arqan weinend den Palast, ausrufend, daß nach diesem Tag das Volk der Araber sich selbst zu Sklaven und Vieh im eigenen Haus gemacht habe. Hosains Kopf wurde öffentlich in Kufa zur Schau gestellt, die Gefangenen einige Zeit später nach Medina gesandt.

2.2.2 Zusammenfassung

Die bedeutendste Quelle zum Studium der Schia-Religion ist die Schia-Überlieferung. Die kritisch-historischen Untersuchungen können anhand anderer Quellen bei der Herausarbeitung der mythologischen Werte der Schia ihren Beitrag leisten.

Der zentrale philosophische Punkt bei der Schia ist der Glaube an die koranische Wahrheit, deren Erkennen die bedingungslose Unterwerfung des Gläubigen voraussetzt und deren Ziel die Vollkommenheit und das Glück in Gestalt ewigen Lebens ist. Der direkte Zugang zu dieser Wahrheit ist aufgrund ihrer geheimen Bedeutung nicht allen möglich. Nach dem Prophetentum ist sie durch die Auslegung der Imame und in der Abwesenheit des zwölften Imam durch die Kenntnisse der Rechtsgelehrten und der Ursprünge der Nachahmung (*maradj-e taghlid*) als zweitrangiger Erben und Bevollmächtigten des Propheten erreichbar.

Diese Wahrheit ist durch die Offenbarung und das Herunterschicken (der koranischen Verse) dem Propheten evident geworden. Die Imame sind anhand der Inspiration im Stande, auf die geheimen Bedeutungen koranischer Wahrheit zu gelangen. Die Fähigkeit des Propheten und der Imame rührt von ihrer Sündenlosigkeit aufgrund ihrer Freundschaft zu Gott her. Sie sind als Beweise Gottes für die Menschheit stets anwesend.

Für die Schia gibt es eine heilige Geschichte, die über der materiellen Geschichte steht; sie ist geteilt in zwei Epochen: in Prophetentum einerseits und Epoche des *wilayat* (Imamat) andererseits. Der Vertragstag (*misagh*) und der Auferstehungstag stellen den Anfang und das Ende dieser Geschichte dar. Der Prophet Mohammad ist der letzte Prophet in der Reihe der vielen Propheten; seine Prophetie ist die vollkommenste und die absoluteste, nach ihm wird kein weiterer Prophet gesandt. Das *wilayat* der Imame ergänzt das Prophetentum. Die Imame bringen kein heiliges Buch und Gesetz. Sie legen den geheimen Sinn der koranischen Wahrheit aus. Das *wilayat* des ersten Imam der Schia war in diesem Zusammenhang das absolute und das des abwesenden Imam wird der Abschluß des absoluten *wilayat* sein. Mit ihm endet die Epoche des *wilayat* (Imamat). Seine Wiedererscheinung als Mahdi ist die Vollendung der Vollkommenheit, die vollkommenste Erscheinung der Werte und der geheimen Bedeutungen, die absolute Offenbarung. In diesem Sinn ist die Schia-Philosophie im Grunde genommen eine Erwartungsphilosophie, die in der Mahdi-Erwartung zum Ausdruck kommt.

Anhand der religionshistorischen Untersuchung wird ersichtlich, daß dem Imamatsprinzip der Schia die Übertreibung des Stellenwerts der Imame im Sinne der Verehrung (Vergöttlichung) zugrunde liegt. Die Zwölfer-Schia distanziert sich zwar von den sog. Übertreiber-Schias, ihre mythologische

Grundlage als die der Erlösungsreligion ist jedoch dieselbe wie bei den Übertreiber-Schias. Daß der scheinbar tote bzw. entrückte Imam nicht tot sei und seine Wiedererscheinung als Mahdi die Welt erlösen werde, stellt als mythologisches Grundmuster u.a. auch den Ausweg der durch den Tod des elften Imam ausgebrochenen Imamatskrise der Zwölfer-Schia dar.

Die *wilayat*-Herrschaft des ersten Imam Ali, die von den Schiiten als das goldene Zeitalter des Islam angesehen wird, gilt als größtes Vorbild und Ziel bei der Wiederherstellung der schiitisch-islamischen Herrschaft. Das Nachfolgerecht der Imame als Erben der Kenntnisse und der Bevollmächtigten des Propheten bzw. als alleinige religiöse Oberhäupter der islamischen Welt ist nach der Imamatsherrschaft Alis während der Imamatszeit der weiteren zehn Imame nicht in Erfüllung gegangen. Die Imamatsherrschaft des letzten Imam soll nun diesen Wunsch erfüllen. Seine Wiedererscheinung als Welt-Herrschaft wird von den Schiiten erwartet.

Das wichtigste Merkmal des dritten Imam der Zwölfer-Schia ist sein Martyrium im Kampf gegen den Umayaden-Herrscher. Es besteht darin, daß er durch die Opferbringung den Endsieg dauerhaft gemacht hat. In der Hosains-Tragödie gilt die Huldigungsforderung des islamisch-unlegitimen Yazid an den dritten Imam bzw. an den Enkel des Propheten als Erniedrigung. Die Tragödie stellt eine Leidensgeschichte der Opfer bzw. eine maßlose Brutalität des Feindes dar, die den Wert dieser Opferbringung umso mehr hervorheben soll.

Die Trauer um die Karbala-Märtyrer, die durch die detaillierte Darstellung des Karbala-Ereignises stets in der Erinnerung des Gläubigen wach gehalten wird, stellt mit ihrer Schuldreinigungsfunktion für die Gläubigen ein religiös-kulturelles Kompensationsangebot ihrer Schuldgefühle und ein schiitisch-islamisches Vorbild im Kampf gegen die Unterdrückung, Erniedrigung und Tyrannei dar.

2.3 Der externalisierte Aspekt des religiös-kulturellen Über-Ichs des schiitisch-iranischen Gläubigen

Die psychomythologische Betrachtung der dargestellten weltanschaulichen Vorstellungen der Schia (*wilayat, ghejbat, schahadat*) ermöglicht uns, anhand der psychoanalytischen Theorie von „Wunsch-Abwehr-Wiederkehr des Verdrängten"[114] den religiösen Aspekt des Über-Ichs des iranisch-schiitischen Gläubigen zu erkennen.

Das von Schiiten hervorgehobene Nachfolgerecht des ersten Imam der Schia Ali kann man - vom psychoanalytischen Gesichtspunkt aus betrachtet - als die Folge der Wiederkehr der verdrängten übertriebenen Verehrung (Vergöttlichung) Alis seitens der fanatisierten schiitischen Gruppe namens Aliiden ansehen, weshalb Ali selbst sie nach der Schia-Überlieferung aufgrund dieser Vergöttlichung bzw. „*scherk*" der Verletzung des islamischen Grundsatzes „*touhid*" der Einheit Gottes töten lassen wollte. Mit anderen Worten: die Vergöttlichung Alis als der vom vorislamischen Götzentum Arabiens herrührende Wunsch, ihn mit Gott gleichzusetzen, mußte aufgrund der verbotenen mit dem islamischen Grundsatz „*touhid*" unvereinbaren Vorstellung verdrängt werden, um wieder nach dem Tode des Propheten Mohammad als Nachfolgerecht, das von den Schiiten auf die Sündenlosigkeit Alis zurückgeführt wurde, als besondere Verehrung der mohammadanischen Nachkommenschaft in Erscheinung zu treten.

Die Schiiten stehen zu Gott in einer ambivalenten Beziehung. Gott ist einerseits der einzige Allmächtige, dem sich die Imame, wie die anderen Muslime unterwerfen sollen. Die Allmacht Gottes ist andererseits jedoch in der Schia durch die besondere Verehrung und die Überschätzung der göttlichen Eigenschaften der Imame vermindert. In diesem Zusammenhang ist es nicht zufällig, daß die Gräber der Schia-Imame, die von den Schiiten besonders - vom Gesichtspunkt des Urislam aus betrachtet - übertrieben verehrt werden, von den traditionellen Vertretern der islamischen Religion wie z.B. Abbasiden oder Wahhabiten als Symbol und Werk der schiitischen Ketzerei geplündert worden sind. Molla Mohammad Bagher Madjlesi, der schiitische Gelehrte und Philosoph schätzt die Pilgerfahrt zum Grab des dritten Imams als vier-

[114] Hierzu vergl.: R. Vogt, 1985

zigmal wertvoller als den Hadsch, die Pilgerfahrt zur Kaaba, die von allen Muslimen als das Haus Gottes bezeichnet wird.[115]

Der schiitische Gläubige ist in seiner Religiösität überwiegend auf den Schutz, die Wegweisungen und die Vermittler-Rolle seiner Imame bzw. ihrer Stellvertreter angewiesen. Wie schon Molana, der berühmte persische Dichter und Philosoph (1207-1273) bemerkt hat, ist diese Vermittler-Rolle und -Zahl zwischen ihm und Gott umso größer, desto größer seine Entfernung (Entfremdung) Gott gegenüber ist.[116]

Der Glaube an die Existenz des abwesenden Zeit-Imam soll den Verlust der Imamatsherrschaft in der Schia verleugnen, da durch diesen Verlust der schiitische Wunsch von der Gerechtigkeitsherrschaft des Imams, der durch die damalige politisch-religiöse Lage der Schiiten unter den Abbasiden-Kalifen besonders verstärkt wurde, und welcher sein Vorbild von der real erlebten Herrschaft des ersten Imam Ali übernahm, für immer aufgegeben werden sollte. Der Wunsch der Imamatsherrschaft sollte nach Ali und besonders nach dem Martyrium des dritten Imam immer wieder verschoben werden. Durch die Verleugnung der Vernichtung des 12. Imam hat man die Erfüllung dieses Wunsches auf die ferne Zukunft verschoben.

Die Schia hebt aufgrund ihres oppositonellen Charakters deshalb, da sie als Religion der Unterdrückten, als Glaube und zugleich als Befreiungsideologie bei den Verfolgten und unterdrückten Bevölkerungsschichten zu der Zeit der Umayaden- und später auch der Abbasiden-Herrschaft gedient hat, nicht nur den Endsieg des 12. Imam hervor, sondern auch auf dem anderen Pol die Tragik der Opferbringung und Entrechtung durch die Tragödie von Karbala. Die Tragödie von Karbala ist aufgrund ihrer mythologischen Bilder von Brutalität, Erniedrigung und der Opferbringung ein religiös-kulturelles Angebot, das durch die Identifikation der Gläubigen mit den Märtyrern, die Aktivierung von Schuldgefühlen und Trauer, aber auch die Freigabe von Aggression gegen die mit dem Feind identifizierten Haßobjekte ermöglicht.

Das Phänomen der Trauer und der Massensuggestion bei der Trauer-Zeremonie durch die Darstellung dieser Tragödie ist - vom psychoanalyti-

---

[115]Hierzu vergl.: S. Shafa, 1983, (pers.)

[116]Hierzu vergl.: Djlal al-Din Mohammad Balchi Rumi (Molana), „*masnavi-e manavi*“ (pers.), (1207-1273), Teheran, 1941

schen Gesichtspunkt aus betrachtet - entsprechend Freudscher Auffassung[117], aus der individuellen Triebdynamik der einzelnen Gläubigen abzuleiten. Das Mitleid des Gläubigen mit Imam Hosain ist ein Selbstmitleid und bei näheren Betrachtung ein Schuldgefühl, weshalb sich der Gläubige durch die Trauer um Imam Hosain eine Schuldreinigung (*amorzesch-e gonahan*) durch die Vermittler-Rolle des Imam beim Jüngsten Gericht wünscht.

Die Demonstrationen und die Kampfstimmung im Aufstand gegen den von Ayatollah Khomeini aus der Gemeinschaft der Muslime exkommunizierten und mit dem mythologischen Feind Yazid identifizierten Schah assoziierten für den schiitischen Anhänger die Prozessionszüge, die jahrhunderte lang im Iran bei den Trauerfeiern um die Märtyrer von Karbala stattgefunden hatten. Ähnliche Prozessionszüge konnte man bei den Bestattungszeremonien der im Krieg gefallenen Märtyrer beobachten.

Während die Sunna die Sündenlosigkeit nur dem Propheten als dem Gesandten Gottes zuschreibt, um das von ihm gebrachte Gesetz (Buch) als Wahrheit anzunehmen, gehen die Schiiten darüber hinaus auch von der Sündenlosigkeit der Imame als Erben und Bevollmächtigte des Propheten aus. Die schiitisch-islamische Hierarchie macht jedoch bei der heiligen Vermittler-Rolle der Imame nicht halt. Durch den Glauben an das Nachahmungsprinzip (*taghlid*), dadurch, daß der schiitische Moslem die Rechtsgelehrten (*Foghaha*) als „zweitrangige Erben und Bevollmächtigten des Propheten“[118] in seiner Religiösität nachzuahmen hat, bleibt er von ihrer Vermittler-Rolle abhängig bzw. auf ihre religiösen Anweisungen in allen Bereichen des privaten und des sozialen Lebens angewiesen.

Wenn wir uns noch vergegenwärtigen, daß die die Sozialisation des schiitischen Gläubigen bestimmenden und beeinflußenden schiitischen Gesetze und Vorschriften aufgrund der imperativen Instanz befolgt werden, um als Normen und Werte verinnerlicht zu werden, können wir jetzt anhand der obigen Darlegungen sagen, daß diese Instanz eine externe Autorität darstellt. Sie besteht nicht nur aus Gott, sondern aufgrund des Imamatsprinzips auch aus Imamen und in der Abwesenheit des letzten Imam aus den charismatischen Persönlichkeiten der Ayatollahs (der Ursprünge der Nachahmung). Bei

[117]Hierzu vergl.: S. Freud, (1921)
[118]Hierzu vergl.: Ayatollah R. Khomeini, 1978, (pers.)

der Einhaltung und der Berücksichtigung der schiitisch-islamischen Gesetze und Vorschriften als Verbote und Gebote seines Über-Ichs ist der schiitische Gläubige nicht nur auf seinen Gott bzw. dessen psychische Repräsentanz angewiesen, sondern auch auf seine Imame und noch mehr an seine Ursprünge der Nachahmung bzw. deren psychische Repräsentanten.

Während Gott und die Imame für den Gläubigen nicht als reale Figuren der Außenwelt existieren, sind die Ursprünge der Nachahmung jederzeit anwesend. Sie sind hinsichtlich der Interpretation und der Bestimmungen der Gesetze, der Vorschriften und der Überlieferung oder des Aussprechens von „*fetwa*", dem religiösen Edikt, für den Gläubigen bzw. für sein religiöses Über-Ich-System von Bedeutung.

Während die Autorität Gottes und die der Imame nur subjektiv und anhand der Identifizierung mit den Ersatz-Imagos durch die Eltern oder durch die schiitische Geistlichkeit dem Gläubigen eingeprägt bzw. von diesem verinnerlicht werden, werden die Figuren der Ayatollahs (der religiösen Oberhäupte) aus der Außenwelt im Sinne von Sandler[119] mit einigen oder allen Eigenschaften des Introjekts des Über-Ichs investiert und danach wird von der Seiten des Gläubigen auf sie reagiert.

Angesichts der obigen Darlegungen und anhand der Beobachtungen der Ereignisse in der iranischen Gesellschaft kann man die Ansicht vertreten, daß die Pesönlichkeit A. Khomeinis beim islamischen Aufstand von 1979 und aufgrund seiner Identifizierung mit den mythologischen Bildern mancher schiitischen Imame (Hosain und Mahdi) im Kampf gegen die Unterdrückung und für die Gerechtigkeit - im Bezugsrahmen der Psychologie betrachtet - überwiegend mit religiösen Eigenschaften der Über-Ich-Introjekte des schiitisch-iranischen Anhängers investiert wurde, so daß er für seine Anhänger als psychische Repräsentanz externalisierten Aspekts ihres Über-Ichs die Rolle des Gewissens übernahm.

---

[119] Hierzu vergl.: Kapt.2.1.2 der vorliegenden Arbeit

2.4 Kulturhistorischer Exkurs über die Entwicklung der Schia im Iran

Die ursprünglich mit der arabisch-islamischen Invasion im Iran einhergehende kulturelle Niederlage war - vom psychoanalytischen Gesichtspunkt aus betrachtet - der Grund für die Assimilation der Schia in die iranische Gesellschaft. Mit der kulturellen Niederlage meine ich den traumatischen Moment des Zerfalls der bis zu jener Zeit bestandenen Identifikationen mit dem großen Reich der Sasaniden-Dynastie bzw. der alten Kultur Irans. Der islamische Einbruch bedeutete für die iranische Bevölkerung der Anfang eines „Kulturwandels“ im Malinowskischen Sinn. Die Dynamik des Kulturwandels beschreibt er folgendermassen:

> *Unter Kulturwandel verstehen wir den Vorgang, durch den eine Gesellschaftsordnung, d.h. ihre soziale, geistige und materielle Zivilisation, von einem Typus in einen anderen übergeführt wird. ... Im weitesten Sinn des Wortes ist Kulturwandel ein dauernder Faktor der menschlichen Zivilisation, der sich überall und zu allen Zeiten abspielt. Er kann seinen Ursprung in Faktoren und Kräften haben, die spontan innerhalb des Gemeinwesens auftreten oder durch die Berührung mit andersgearteten Kulturen ausgelöst werden. Im ersten Fall nimmt er die Form einer unabhängigen Evolution an, im zweiten handelt es sich um den Vorgang, den die Anthropologie als Diffusion bezeichnet.*[120]

Der Prozeß des Kulturwandels im alten Iran war eine gewaltsame „Akkulturation“ und eine „Transkulturation“ zugleich. Obwohl Malinowski den Begriff „Akkulturation“, da dieser auf ein Dominieren in dem Kulturwandel schließen lasse, nicht gern gebrauchen will und mehr den Begriff „Transkulturation“ verwendet, möchte ich jedoch betonen, daß der Kulturwandel, wenn er nicht aus eigener Dynamik, sondern aus der Dynamik einer Berührung mit anderer Kultur geschieht, oft einen gewaltsamen Prozeß darstellt. Eine fremde Einflußnahme auf die Kultur in diesem Sinne bedeutet, von psychoanalytischem Gesichtspunkt aus betrachtet, die Veränderung der Über-Ich-Struktur der Kultur, die als eine Vatertötung Schuld und Aggression hervor-

[120] Hierzu vergl.: B. Malinowski, S.23, (1946), 1951

ruft. Darüber hinaus möchte ich noch betonen, daß der Islamisierungsprozeß im Iran im 7. Jahrhundert n.Chr. im Sinne einer Kulturänderung durch einen kriegerischen Einbruch angefangen hat und durch lang dauernde Herrschaft gewaltsam durchgesetzt wurde.

Die neu entstandene Kultur war jedoch das Ergebnis von den beiden Kulturen, altiranischer und islamischer, ohne jedoch ausschließlich diese oder jene zu sein.

Die Frage wäre hier berechtigt zu stellen, welche Rolle der Islam (Schia) für seine Anhänger im Iran spielt und aus welchem Grund ich hier, was den Islam im Iran anbelangt, von einer Kultur ausgegangen bin. Um Wiederholungen zu vermeiden, möchte ich an dieser Stelle auf einige Thesen von B. Tibi[121], die ich grundsätzlich für richtig halte, eingehen. Ausgehend von den Ansichten von Anthony F.C. Walles[122] vertritt Tibi die Ansicht, daß die Religion zugleich eine kulturelle Größe, eine politische Ideologie und auch eine Revitalisationsritual sein könne. Er vertritt die Ansicht, daß es zwar im Dogma, nicht aber in der Realität einen einheitlichen Islam gebe und der Islam an die jeweiligen Kulturen der Völker, die islamisiert wurden, assimiliert worden sei. Tibi meint, daß der Islam in seinem Ursprung und bis heute ein arabischer Monotheismus war bzw. ist, der im Freudschen Sinn von Kultur die Menschen in seinem Ursprung zu großen Einheiten zusammengeballt habe. In islamischer Gesellschaft bilde der Islam - so Tibi - den Inhalt der autochthonen Kultur, wenngleich es keinen einheitlichen Islam gebe.

Mit einem Islam als kultureller Größe im Iran meine ich in der vorliegenden Arbeit immer die Zwölfer-Schia, die sich ursprünglich aufgrund des Nachfolgerechts nach dem Propheten Mohammad von der sunnitischen Richtung getrennt hat.

Die lange Vorherrschaft der Araber über den Iran machte die Iraner und besonders die unterdrückten Bevöllkerungsschichten für die Schia, die in der Auflehnung gegen die mohammadanischen Vaterreligionen und ihre

---

[121]Hierzu vergl.: B. Tibi, 1981
[122]Hierzu vergl.: A.F.C. Walles, 1966

Machtrepräsentanzen in Damaskus und in Bagdad zustande gekommen war, anfällig.[123]

Der Einbruch des Islam im Iran (7. Jh.n.Chr.) ging mit der politischen Unterdrückung und der gewaltsamen religiös-kulturellen Erneuerung des damaligen Iran einher. Die Islamisierung bedeutete die politische Unterjochung des Landes durch die Umayaden (8-9 Jh.n.Chr.) aus Damaskus und durch die Abbasiden (9-13 Jh.n.Chr.) aus Bagdad. Die regionalen Regierungen im Iran hatten sich damals beiden Kalifatsherrschaften zu unterwerfen. Die Schia kam den iranischen Bevölkerungsschichten, die sich gegen die Kalifat-Herrschaft auflehnten, durch ihren Gerechtigkeitsglauben als Erlösungsreligion zugute. Sie bot ihnen neuen Boden für die Identifikation mit den Unterdrückten.

Die Rettung der alten iranischen Kultur gegen die „offensive" islamische Kultur, deren Entstehung und Ausbreitung mit der Erstarkung der islamischen Herrschaft einherging, konnte nicht in der Negation des schon eingeprägten Islam bestehen. Mit dem Glauben an die Schia negierte man den herrschenden Islam, ohne jedoch den Islam bestritten bzw. eine Ketzerei begangen zu haben. Seine ablehnende Haltung geschah viel mehr auf der unbewußten Ebene. Man glaubte an die Schia, die Religion der entrechteten Imame, mit denen sich der Gläubige als Unterdrückter identifizierte.

Während der Zeit der islamischen Herrschaft im Iran vom siebten bis zwölften Jahrhundert n.Chr. d.h. bis zur Herrschaft der Mongolen im Iran, die der Herrschaft der Abbasiden in Bagdad ein endgültiges Ende bereitete, kam es im Iran gelegentlich zur Begründung regionaler Staaten, die sich zur Schia bekannten. In der Zeit der Mongolenherrschaft bis zum vierzehnten Jahrhundert n.Chr. konnte sich die Zwölfer-Schia wegen der religiösen Neutralität der nach der Eroberung Irans und benachbarter Länder seßhaft gewordenen Mongolen gegenüber den monotheistischen Religionen, wie dem Islam, Judentum und Christentum, entfalten und ausbreiten. Am Ende ihrer Herrschaft ereigneten sich im Iran auf dem Land und in den Dörfern, besonders im Norden Irans Baueraufstände auf der Grundlage des schiitischen Glaubens.

[123]Zu der Ansicht, daß die Schia die Religion der unterdrückten Bevölkerungsschichten Irans gewesen ist, vergl.: I.P. Petrushewsky, „*eslam dar iran*" (Islam im Iran) (pers.), 1975

Von einer schiitischen Kultur im Iran kann man erst ab der Zeit sprechen, als die Schia-Religion zum ersten Mal von einer zentralstaalichen Macht unterstützt wurde. Die Safawiden-Dynastie (1501-1722) war der erste Zentralstaat Irans nach der islamischen Invasion im Iran. Sie bildete den von der Schia legitimierten Staat, unter dem die gewaltsame Bekehrung des sunnitischen Teils der Bevölkerung Irans, der zu dieser Zeit die Hälfte der gesamten Bevölkerung Irans ausmachte, zur Schia stattfand. Die Könige dieser Dynastie beanspruchten Stellvertreter des Verborgenen Imam zu sein. Sie holten zur islamischen Legitimation ihrer politischen Entscheidungen und Maßnahmen die Zustimmung der schiitischen Geistlichkeit, die zu dieser Zeit eine große Macht besaß. In dieser Periode wurde die Zwölfer-Schia wegen der politischen Rivalitäten der Safawiden mit dem Osmanischen Reich, das sich zur Suna bekannte, besonders gefördert. Viele religiöse Lehranstalten („*madares*“) der Geistlichkeit wurden in dieser Zeit gegründet. Das Trauerfest um Imam Hoṡain wurde zum ersten Mal im Iran veranstaltet. Die Feindseligkeit der Zwölfer-Schia gegenüber der Sunna erreichte ihren Höhepunkt. Man verteufelte erstmalig die drei Kalifen des Urislam, Abu-Bakr, Omar und Osman, und schimpfte mit ihnen offen in der Moschee. Seit dieser Zeit bis zu unserem Jahrhundert, in dem zwischen der Geistlichkeit und dem Staat ein neuer Konflikt aufbrach, worauf ich noch eingehen werde, war die schiitische Geistlichkeit fast immer neben dem Staat ein Bestandteil der Macht.

Nach dem Untergang des Perserreichs der Sasaniden-Dynastie durch den islamischen Einbruch entstand im Iran das erste große Reich der Safaviden (1501-1722), das zur Vitalisierung des schiitischen Islam und zum politischen Machtzuwach der schiitischen Geistlichkeit geführt hat. Die Entstehung dieser Dynastie ging mit dem Anfang einer neuen Kulturepoche einher, die ganz stark von dem auf die Spitze getriebenen Konflikt zwischen Schia und Sunna geprägt war. Durch die starke Wirkung und den großen Einfluß der schiitischen Geistlichkeit im politischen und sozialen Bereich und aufgrund des Nachahmungsprinzips (*taghlid*) der Schia wurde die Bevölkerung religiös stärker als zuvor abhängig von der Geistlichkeit, den Stellvertretern des Verborgenen Imams.

Die sich über den ganzen Iran erstreckende Herrschaft der Safaviden hob den Identitätsverlust, der mit der islamischen Herrschaft bzw. mit dem Untergang der alten Kultur Irans eingetreten war, wieder auf. Sie stellte die kulturelle Identifikation mit dem großen Staat wieder her. Dies ging allerdings mit der Etablierung der Schia einher. Nachdem die Schiiten während der Herrschaft der Umayaden-Dynastie und der Abbasiden-Dynastie nicht über diese siegen konnten, waren sie jetzt imstande gegen ihre Nachfolger im Osmanischen Reich, gegen die Repräsentanten der Unterdrücker-Religion, siegreiche Kriege zu führen.

So wie es aus der kulturhistorischen Betrachtung der Schia-Entwicklung im Iran hervorgeht, ist sie aufgrund von bestimmten psychokulturellen Gründen von der iranischen Bevölkerung aufgenommen und in die kulturelle Gegebenheit Irans assimiliert worden. Die verdrängten Elemente der alten Kultur Irans kehrten in dem Prozeß des mit dem islamischen Einbruch angefangenen Kulturwandels wieder, so daß die schiitisch-iranische Kultur genauso ein iranisches Phänomen ist, wie ein durch die offensive islamische Kultur entstandenes.

2.5 Der Kulturwandel als Folge der Verwestlichung Irans im 20.Jh.

Zur Zeit der Qadjaren-Dynastie (1796-1921) konnte der schiitische Klerus aufgrund der Zusammenarbeit mit der staatlichen Macht seinen sozialen Einfluß erweitern. Das Trauerfest um den Märtyrer-Imam der Schia, die Ausbreitung der islamischen Rechtsschulen (*madares*), die Wallfahrt zu den Gräbern der Imame und der Heiligen - sie alle hatten ihre Blütezeit in der Qadjaren-Epoche. Der schiitische Klerus hatte sich jedoch mit einem neuen, am Ende des neunzehnten Jahrhundert entstandenen Phänomen auseinanderzusetzen. Die neuen Gedanken und Kulturwerte, die aufgrund der Berührung mit dem Westen und unter den neuen sozialen und ökonomischen Bedingungen des Iran zustandegekommen waren, widersprachen den islamisch-schiitischen Glaubensvorstellungen bzw. den bestehenden traditionellen Kulturwerten. Die Gründung der modernen Schulen anstelle der herkömmlichen „*makateb*“ (traditionellen Koran-Schulen), die Ausbildung von Zivillehrern anstelle der Mullas, deren Aufgabe bis dahin u.a. auch die Ausbildung und die Erziehung der Jugendlichen gewesen war, die Veröffentlichung von Tages- und Wochenzeitungen, die Berichte über neue Gedanken in Bezug auf Wissenschaft und Demokratie brachten, die Idee eines Zivilrechtes, die sich später als die politische Forderung der Eröffnung einer „*edalatkhane*" Rechtstelle anstelle der bisherigen religiösen Rechtspflege darstellte, und die Gedanken zu einer konstitutionellen Monarchie anstelle der derzeitigen Despotie und zur Verfassung eines Grundgesetzes, einer Wahl und eines Parlaments, die 1905 die konstitutionelle Bewegung im Iran hervorbrachte, waren alles Phänomene[124], die die konservative Geistlichkeit als Bedrohung für den Islam empfand. Was jedoch als Folge dieser Erneuerungsversuche und der neuen Kulturwerte vor allem zu befürchten war, waren die neue Form der Sozialisation bzw. die neue Form der Geschlechterverhältnisse und die Entmachtung der Geistlichkeit. Angsichts des Widerstandes seitens der Geistlichkeit gegen diese Erneuerungsversuche der konstitutionellen Bewegung wurde im zweiten Paragraph der iranischen Verfassung vom 1906 ein Vetorecht für die schiitische Geistlichkeit bzw. für ihre Vertretung im Parlament des Nationalrates vorgesehen, laut dem kein Gesetz im Parlament verabschiedet werden dürfte, wenn es mit dem islamischen Dogma (*schariat*) nicht übereinstimmte.[125]

Die Träger der neuen Gedanken und Vorstellungen waren die Intellektuellen der Oberschicht (Händler) und manche Staatsmänner des „*darbar*" königlichen Hofs, die aufgrund ihrer sozialen Lage durch Aufenthalte in europäischen Ländern solche Gedanken erworben hatten. Die Nachbarschaft und der Kontakt mit Russland vor und nach der Revolution von 1905, besonders mit dem Kaukausus, sowie die Informationen über die konstitutionelle Bewegung zur gleichen Zeit in Japan und die Entstehung der neuen Gedanken in der Türkei waren ebenfalls für die Entstehung solcher Gedanken und Forderungen im Iran von großer Bedeutung.

Insgesamt kann man hier von der Entstehung und der Entwicklung einer kleinen modernen sozialen Schicht sprechen, die „*tadjadod*" die Erneuerung im sozialen und politischen Bereich mit westlicher Orientierung im Sinn hatte. Für diese Bevölkerungsschicht war infolge der kultuellen Berührung mit dem Westen die neue Identifikation an die Stelle der alten aufgegebenen Identifikation mit der schiitisch-traditionellen - im Malinowskischen Sinn - „defensiven" Kultur getreten.

---

[124]Hierzu vergl.: A. Kasrawi, „*tarikh-e maschrut-e iran*" (Geschichte des Konstitutionalismus Irans) (pers.), 1965

[125]Hierzu vergl.: A. Kasrawi, 1965

Außer einer kleinen elitären Gruppe religiöser Erneuerer, die den Islam mit diesen Vorstellungen vereinbaren wollte und sich aktiv für die konstitutionelle Revolution in Teheran engagierte, arbeitete der schiitische Klerus insgesamt mit dem „*darbar*“ königlichen Hof zusammen, denn beide Gruppen hatten bei der Bekämpfung politisch-sozialer Erneuerung ein gemeinsames Interesse: Verfassung und neues Recht bedeutete für beide die Einschränkung ihrer Macht. Die neuen Gedanken und Rechte stimmten nicht mit dem herkömmlichen Islam und dem traditionellen „*schariat*“ Dogma überein, durch das die hierarchische Machtposition der „*modjtahedin*“ Rechtsgelehrten legitimiert wurde.

Bei diesem fremdartigen Eingriff in die islamisch-schiitische Kultur und Tradition (Akkulturation) fühlte sich die schiitische Geistlichkeit aufgrund des tendenziellen Machtverlusts erniedrigt. Diese Erniedrigungsgefühle der schiitischen Geistlichkeit kann man m.E. - vom psychoanalytischen Gesichtspunkt aus betrachtet - auf ihren verletzten Narzißmus im Sinne von Mario Erdheim, auf den „Narzißmus der Herrschenden“ zurückführen.[126] Die fremdartig empfundenen Erneuerungsversuche lösten beim schiitischen Gläubigen Angst vor dem religiös-kulturellen Identitätsverlust aus, die sich als ablehnende Haltung gegen die neuen nicht islamisch gerechtfertigten Normen und Werte artikulierte.[127]

Mit dieser intellektuellen Bewegung begann im Iran eine Art des Säkularisierungsprozeßes der Schia, der jedoch nicht zuletzt aufgrund der hierdurch hervorgerufenen Schuldgefühle keine breite Basis bei der schiitischen Bevölkerung fand. A. Kasrawi stellt fest, daß sich die Änderungsversuche auf die Hauptstadt Teheran und die Handelsstadt Täbriz beschränkten, während die anderen Städte Irans - von den Dörfern, deren Einwohner den größten

[126] Hierzu vergl.: M. Erdheim, S.388-414, 1982

[127] Eine andere Überlegung wäre in diesem Zusammenhang die Frage, ob nicht diese als fremdartig empfundenen Reformbewegungen vom Anfang des 20.Jh. im Iran bei der schiitischen Bevölkerungsschicht Angst ausgelöst haben, da sie im Sinne von F. Nietzsche als „unbekannte“ bei ihr empfunden worden sind. Aus dem Text 355 „Der Ursprung unseres Begriffs 'Erkenntnis'“ in „Die fröhliche Wissenschaft“, 1982, geht hervor, daß das Unbekannte nach Nietzsche Angst macht. Das Erkennen hieße dann die Zurückführung des Unbekannten auf das Bekannte in uns, welches uns beruhigen soll.

Teil der Bevölkerung ausmachten, ganz zu schweigen - davon nicht berührt wurden.[128]

Die Säkularisierung der Schia bzw. der Kulturwandel im Iran setzte m.E. eine - vom psychoanalytischen Gesichtspunkt aus betrachtet - gewisse Befreiung von der traditionellen Rolle der schiitischen Geistlichkeit, von ihrer als psychische Repräsentanz des externalisierten Über-Ichs des schiitischen Gläubigen funktionierenden Rolle voraus.

Als unvermeidbare Folge dieses Kulturwandels bzw. der neuen Identifikationen mit der offensiven Kultur des Westens entstand ein entscheidender psychischer Konflikt bei der islamisch-traditionellen Bevölkerungsschicht aufgrund der neuen Form der Geschlechterverhältnisse, die sich wegen der in Gang gesetzten sozialen Änderungen freier gestalten sollten. Die neuen Geschlechterverhältnisse machten sich vor allem bei der tendentiellen Aufhebung der schiitisch-iranischen Bedeckung der Frau bzw. der bestehenden Geschlechtertrennung bemerkbar. Diese sexuelle Reform erweckte bei dem islamisch-iranischen Mann aufgrund seiner bestimmten psychosexuellen Entwicklung, worauf ich noch im nächsten Kapitel eingehen werde, das Schamgefühl. Er schämte sich wegen der tendentiell steigenden „Entblößungsgefahr“ der Frauen.

Da die neu aufgenommenen Kulturwerte von einer relativ kleinen Gesellschaftsgruppe bzw. einer neuen Elite getragen wurden, konnten sie nicht von der damaligen iranischen Gesellschaft assimiliert werden. Die schiitisch-iranische Sozialisation war den Anforderungen dieser Kulturwerte nicht ausreichend gewachsen. Die Erziehung der Kinder in der traditionell-islamischen Familie konzentrierte sich hauptsächlich auf die strenge Geschlechtertrennung. Die Reformbewegung bräuchte, um bei den breiten Bevölkerungsschichten Irans Verbreitung zu finden, u.a. auch, im Vergleich zu dem schiitisch-traditionellen, ein gemäßigteres Geschlechterverhältnis der iranischen Gesellschaft. Sie sollte u.a. auch mit einer Veränderung der Sozialisation im Hinblick auf die Geschlechterverhältnisse in der Familie und in den Institutionen der Gesellschaft einhergehen. Dieser Mangel war ein Grund dafür, warum sich die schiitische Bevölkerung mit neuen Forderungen und Rechten am Anfang des zwanzigsten Jahrhunderts im Iran nicht engagie-

[128]Hierzu vergl.: A. Kasrawi, 1965

ren konnte. Die neuen Gedanken und Kulturwerte fanden bei ihr trotz der konstitutionellen Revolution (1906-1911) keine Verbreitung, so daß der demokratische Parlamentarismus bald wieder durch den Despotismus ersetzt wurde.

Die Säkularisierungs- und Modernisierungsversuche der iranischen Gesellschaft fangen wieder unter der Reza-Schah-Herrschaft (1924-1941) in Form von staatlichen Erlaßen und Verordnungen an, die zum Teil gewaltsam durchgesetzt wurden. Insgesamt ging es in dieser Epoche bei den Modernisierungs- und Säkularisierungsversuchen hauptsächlich um die Trennung des Staatapparates von dem Legitimationsrecht der schiitischen Geistlichkeit, um das tendenzielle Ersetzen der schiitischen Philosophie und Wissenschaft[129] durch die westlich orientierte Wissenschaft und Technik, um die westlich orientierte neue Form der Sozialisation der Geschlechter anstelle der bestehenden traditionellen Geschlechtertrennung, was die bestehenden Identifikationen mit der schiitischen Kultur schwächte bzw. neue Identifikationen mit der offensiven Kultur des Westen herstellte bzw. verstärkte.[130]

Die Erneuerungsmaßnahmen riefen bei der schiitischen Geistlichkeit besonders da, wo die islamische Praxis im Iran betroffen wurde, Empörung hervor. Sie fühlte sich vor allem gedemütigt und entmachtet, da der Säkular-Staat seine Ligitimation nicht durch den Islam und bei ihr, sondern als Perserreich in der vorislamischen Vergangenheit suchte. Diese kulturelle Rückbesinnung diente in der Tat vielmehr der Negation der bestehenden Identifikationen mit der schiitischen Kultur. Das Leitbild des starken alten iranischen Imperiums war jedoch aufgrund der realen gegenwärtigen Omnipotenz des

[129]Die schiitischen Überlieferungen beziehen sich fast auf alle Bereichen des privaten und sozialen Lebens. Abgesehen von den schiitisch-islamischen Gesetzen und Vorschriften in *„resale"* der Doktrin der Groß-Ayatollahs der Schia verfügt die Schia-Religion über zahlreiche Überlieferungen, die über alle denkbaren Problemen des sozialen Lebens einer vorindustriellen Gesellschaft Aussagen machen. (Hierzu vergl.: S. Shafa, 1983)

[130]Die Erneuerungsmaßnahmen wie die Einführung eines an altpersische Tradition anknüpfenden nationalen Kalenders anstelle des arabisch-islamischen, die Gründung einer Nationalbank, die Heeresreform mit dem Vorbild der türkischen, die Beseitigung von Stammeshäuptlingen und Provinzmachthabern, ..., die Vereinheitlichung der Kleidung für Männer nach europiäschem Vorbild (Anzug) anstelle der Stammeskleider, die Ausstellung eines Personalausweises und besonders die Abschaffung des Frauenschleiers, orientierten sich an dem Vorbild des modernen Westens und geschahen im Namen der vorislamischen Ära des Iran. (Hierzu vergl.: A. Taheri, 1985)

Westens von diesem ersetzt. Für eine Elitegruppe war der Islam an aller Rückständigkeit des Landes schuld. Deshalb suchte sie die Rettung beim historisch verspäteten und realitätsfernen Nationalismus und Paniranismus.

Die Zwangsentschleierung der Frauen unter der Reza-Schah-Herrschaft, an die sich Ayatollah Khomeini nur als „einen der dunkelsten Augenblicke in der Geschichte des Islam"[131] erinnern will, empörte alle gläubigen Moslems.

So entstand der politische Konflikt zwischen den „*modjtahedin*" Ursprüngen der Nachahmung und dem modernen Staat Reza-Schahs. Der Widerstand der Geistlichkeit wurde vom Staat unterdrückt. Die Geistlichkeit sprach Reza-Schah „*takfir*" die Exkommunation aus. Sie exkommunizierte ihn aus der Gemeinschaft der Moslime. Diese islamische Haltung reichte zwar nicht aus, um ihn zu entmachten, sie war jedoch der Anfang eines Kampfes gegen die "*djaer*" unlegitime, im islamischen Sinn, gottlose Regierung der Pahlawi-Dynastie. Die Verwestlichung Irans hatte mit dem kulturellen Angriff auf die islamische Gesellschaft, Familie und Sozialisation, sowie mit der Entmachtung der schiitischen Geistlichkeit dem Islam den Kampf angesagt.

In den Vierziger-Jahren war es der Geistlichkeit durch die Besetzung Irans, die Schwäche der neuen Regierung von Mohammad-Reza-Schah und die Angst vor dem Kommunismus , möglich geworden, ihre alte Position z.T. wieder zu gewinnen. Nachdem Reza-Schah seiner Zeit mit der Tradition der königlichen Neujahrspilgerfahrt zur heiligen Stadt Qom, dem Schia-Zentrum Irans und der Residenz der Groß-Ayatollahs gebrochen hatte und stattdessen die Pilgerfahrt zur Stadt Maschhad, zum Mausoleum des achten Imam Reza unternahm, besuchte der neue Schah den einflußreichen „*mardja-e taghlid*" den Ursprung der Nachahmung, den Ayatollah Brudscherdi in Qom. Dies war ein Hinweis auf die Änderung in der Politik der Pahlawi-Dynastie. Mit der Unterstützung dieses Ayatollahs, der mit dem Schah in guter Verbindung stand,[132] bekammen die Mullahs die Möglichkeit, einen Teil des Säkularisierungsprogramms Reza-Schahs rückgängig zu machen.

Im Jahre 1963, ein Jahr nach dem Tode A. Brudscherdis begann der Schah mit einer sozialen und wirtschaftlichen Reform, der „Weißen Revolu-

[131] Hierzu vergl.: A. R. Khomeini, „*kaschf al-asrar*" (Schlüssel zu den Geheimnissen) (pers.), S.71, Teheran, 1980

[132] Hierzu vergl.: A. Taheri, 1985

tion". Allgemein läßt sich zu dieser Reform, sowie zu den weiteren *schahenschahischen* Programmen der Sechziger- und Anfang der Siebziger-Jahre sagen, daß diese Maßnahmen alle darauf abzielten, auf Kosten der traditionellen Institutionen, wie Klerus, Basar, Verbände halbnomadischer Stämme und Parlament das Land wirtschaftlich noch mehr in den kapitalistischen Weltmarkt zu integrieren, die westlich orientierte Kultur zu befördern und die Macht des Staates zu erweitern.

Ayatollah Khomeini, einer der Mitarbeiter Brudscherdis gehörte im Gegensatz zu dem letzteren vom Anfang seiner politisch-religiösen Karriere an zu den s.g. Fundamentalisten der Schia. Weder das in der Verfassung vorgesehene Vetorecht für die Geistlichkeit im Parlament, womit schon lange durch die Diktatur aufgeräumt worden war, noch der „heuschlerische" Respekt des Staatoberhauptes für den Islam und seine Geistlichkeit stellten ihn zufrieden, denn die praktische Erfahrung lehrte, daß ohne exekutive Gewalt das von Gott gegebene Gesetz nicht durchsetzbar war. 1961 verlieh A. Khomeini diesem Problem der Machtlosigkeit der schiitischen Geistlichkeit in Bezug auf ihre Aufgabe den folgenden Ausdruck:

> *Was nützt uns, von Gott gegebene Gesetze zu verkünden, wenn wir keine Macht haben, um durchzusetzen, daß sie auch befolgt werden?*[133]

Später faßte er den Stoff seiner schon in Qom gehaltenen Vorlesungen über eine islamische Regierung in einem Büchlein zusammen.[134] Damit formulierte er seine revolutionären islamischen Lösungen für die Beseitigung des antiislamischen Staates und für einen islamischen Staat.

Mit der Entstehung des absolutistischen Säkular-Staats der Pahlawi-Dynastie im zwanzigsten Jahrhundert und mit der Befreiung des Staatsapparates vom islamischen Legitimationsrecht und vom Einfluß der Geistlichkeit hatte sich diese von ihrer traditionellen Macht entfernt. Im Laufe dieses Jahrhunderts entstand im Iran eine moderne Schicht und eine moderne Form der Familie, die sich von der islamisch-traditionellen Familie vor allem bei den Geschlech-

[133]Hierzu vergl.: A. R. Khomeini, 1961, zitiert bei A. Taheri, S.147, 1985

[134]Hierzu vergl.: A. R. Khomeini, „*wilayat-e fagih*"(Rechtsgelehrtenherrschaft) (pers.), Teheran, 1978

terverhältnissen unterschied: die Sozialisation in der islamischen Familienform lief im Gegensatz zu der in der modernen Familienform darauf hinaus, die beiden Geschlechter möglichst fern voneinander zu sozialisieren.

Die Reformbewegung von 1906 im Iran erfaßte zunächst die Familie nicht so stark.[135] Die moderne Familie entstand jedoch in den großen Städten Irans und vor allem in der Hauptstadt Teheran infolge dieser Modernisierung, die als Verwestlichung Irans im Sinne von B. Tibi[136] die islamisch-iranische Kultur zu verdrängen versuchte. Der Hauptauslöser der kulturellen Veränderung und der Entstehung der modernen Familie und der nichtislamischen Sozialisation durch die allmähliche Integration Irans in den Weltmarkt, in die Weltgesellschaft und im Tibischen Sinn in die Weltkultur war die Berührung mit dem Westen. Dieser Kontakt bestand in erster Linie in Sehen und Beobachten der kulturellen Erscheinungen des Westens und der erste Schritt war in Bezug auf Kulturänderung die **Nachahmung** seitens der iranischen modernen Bevölkerungsschicht.

Politisch konnte die Pahlawi-Dynastie aufgrund ihrer Diktatur diese Schicht für ihre Interessen zwar nicht gewinnen - sie stützte sich überwiegend auf ihre Militär-Macht und nach dem Putsch von 1953 auch auf ihre politische Polizei - kulturell war jedoch die moderne Bevölkerungsschicht die Trägerin der staatlichen Macht.

In den Sechziger- und Siebziger-Jahren bekamen die Großstädte Irans und allen voran die Hauptstadt Teheran, was die Körperbedeckung der Frau bzw. die Geschlechterverhältnisse in der Öffentlichkeit anbelangt, ein widerspruchsvolles Gesicht; neben Frauen aus modernen Schichten mit Minirock oder körperbetonenden Kleidern und Hosen die religiös-islamisch bekleideten Frauen mit „*tschador*", der Bedeckung, die vom Kopf bis zu den Füßen verhüllt.

1963 kam es in der heiligen Stadt Qom und in Teheran zu blutigen Protestaktionen gegen die Weiße Revolution, vor allem aber gegen das Wahlrecht der Frauen, das als „Freiheit der Frauen" proklamiert worden war. Der Führer dieser Bewegung war Ayatollah Khomeini, den die Entmachtung der Mullahs unter der Pahlawi-Dynastie beunruhigte. Er war am meisten über

---

[135] Hierzu vergl.: H. Djohari, (Diss), Berlin, 1982

[136] Hierzu vergl.: B. Tibi, 1981

das neu erlassene Wahlrecht der Frauen erbittert, das er zum Anlaß seiner Kampagne gegen die Schah-Regierung machte. Er mußte damals auf heldenhafte Weise das Land verlassen und ins Exil gehen, nachdem er zum ersten Mal den Geschmack des "Zweiten Aschura" kostete. Er verglich den Aufstand von 1963 mit der Tragödie von Karbala bzw. mit *aschura*, dem Tag des Martyriums vom Imam Hosain. Seine Anspielungen in dieser Hinsicht verstärkten den Zusammenhalt der schiitischen Masse durch die Identifikation ihrer Mitglieder mit den Märtyrern von Karbala.

Dieses Ereignis von 1963 wurde zu einem erfolgreichen Vorspiel der fünfzehn Jahre später stattfindenden islamischen Revolution. Die Bewegung von 1963 stellte aufgrund ihrer schiitischen Qualität und angesichts der brutalen Unterdrückung durch das Schah-Militärs eine Identifikation mit der Tragödie von Karbala her. Die Verhaftung und die Verbannung A. Khomeinis stoppten vorerst den Aufstand.

A. Khomeini war nicht gegen das Wahlrecht der Frauen. Sie durften später in seiner islamischen Republik wählen und gewählt werden; ihm, wie den anderen gläubigen Moslimen ging es dabei hauptsächlich um die tendenzielle Aufhebung der islämisch-traditionellen Trennung zwischen den beiden Geschlechtern. Das Wahlrecht der Frauen unter der Schah-Herrschaft war mit dieser Gefahr verbunden. Er hatte zwei Jahrzehnte zuvor die Abschaffung des Schleiers durch Reza-Schah als „einen Plan, aus Mosliminnen Huren zu machen"[137], bezeichnet, um später in seiner Republik die Zwangsverschleierung der Frauen als „Bekämpfung der Hurerei" zu realisieren.

Die kulturelle Verwestlichung Irans ging mit einer primären Form der Identifikation , mit der Nachahmung der westlichen Lebenserscheinungen einher, ohne von der „Aufklärung", von ihrem "Rückfall in Mythologie"[138] und von dem negativen Aspekt der „technisch-wissenschaftlichen"[139] Kultur gewußt zu haben. Der iranische Schriftsteller Djalal Al-Ahmad hatte nicht

[137]Zitiert bei A. Taheri, 1985

[138]Hierzu vergl.: Th.W. Adorno, S.6, G.S., 1981, die Dialektik von Mythos und Aufklärung stellt Adorno folgendermassen fest:

> *schon der Mythos ist Aufklärung, und: Aufklärung schlägt in Mythologie zurück.*

[139]Hierzu vergl.: B. Tibi, 1981

Unrecht, als er dem Problem des Kulturwandels bzw. der Nachahmung des modernen iranischen Bürgers den Namen der kulturellen Disposition *„gharb-sadegi“*, der Westomanie gab.[140] Der sich mit der westlich-orientierten Kultur identifizierende iranische Bürger versuchte, was wahrscheinlich die Charakteristik jeder imitierenden Haltung ist, der Norm entsprechend in erster Linie das Äußere zu änderen.

Im Laufe der Sechziger- und Siebziger-Jahre erreichte der kulturelle Zusammenprall im Iran seinen Höhepunkt. Die iranische Gesellschaft stellte in Teheran und in anderen Großstädten Irans zwei entgegengesetzte kulturelle Vorbilder bzw. zwei Identifikationsbilder und zwei gegensätzliche Formen von Geschlechterverhältnissen dar, was - vom psychologischen Gesichtspunkt aus betrachtet - 1979 zur revolutionären Explosion führte.

Die moderne Schicht vermochte aufgrund der politisch-günstigen Lage trotz ihrer kleineren Zahl, in der Öffentlichkeit der Großstadt die Oberhand zu gewinnen, da sie vom Staat fast in allen Institutionen außer im Basar und in der Moschee politisch-kulturell unterstützt wurde, was auf die traditionell-islamische Schicht demütigend wirkte.

Diese Schicht war nicht nur aufgrund der Verachtung ihrer islamischen Ideale und Vorbilder im Selbstwertgefühl ihrer Anhänger getroffen, sondern mit der tendenziellen Aufhebung der Trennung zwischen den beiden Geschlechtern war die Angst vor dem "Gesichtsverlieren“[141], auf Persisch vor dem *„aberu“* -Verlieren des Mannes verbunden. Das Auftreten der Frau ohne *tschador*, den Schleier bzw. das Beschauen der unverschleierten Frau seitens der fremden Männer bedeutete für ihren Mann, Bruder, Vater oder Sohn die Aberkennung seiner Männlichkeit bzw. Kastration.

Der Anspruch auf gerechte Macht - von A. Khomeini als Staat Gottes bezeichnet - wurde im zwanzigsten Jahrhundert wieder erhoben, da der Schah als *„djaer“* unlegitimer Herrscher[142] das Land durch das Komplott mit einer "satanischen Macht“, den USA, ins Heidentum treiben wollte.

[140] Hierzu vergl.: Dj. Al-Ahmad, *„gharbsadegi“* (Westomanie) (pers.), Teheran, 1966

[141] Hierzu vergl.: J. Chasseguet-Smirgel, 1981

[142] 1964 bedrohte A. Khomeini den Schah, ihn aus Gemeinschaft der Gläubigen zu exkommunizieren, 1977 ordnete er in einem *fatwa* (religiösen Edikt) seine Regierung als *djaer* unlegitim.

Die Ungerechtigkeit des Schahs, der den Widerstand der Gläubigen gegen den antiislamischen Verfall des Landes in Qom, Teheran und in den anderen Städten Irans mit blutigen Massakern erwiderte, wurde der Untat Yazids, den Imam Hosain und seine Anhänger bei ihrer gerechten Bestrebung zu ermorden, gleich gestellt. Der im Prozessionszug nach Recht und Rache für Imam Hosain verlangende Gläubige hatte mit der Antischahdemonstration seinen realen mit Yazid identifizierten Feind, den Schah.

Wenn der Mullah in der Moschee und bei der Aufgabe der islamischen Erziehung und Problemerörterung den Gläubigen ihre Schuldgefühle heraufbeschwor, indem er sie wegen der Unveranwortlichkeit gegenüber der Zur-Schaustellung des nackten Körpers ihrer Frauen, Töchter oder Schwester in der Öffentlichkeit, wegen ihres eigenen sündhaften Blickes, ihrer Schaulust oder Berührung gegenüber den fremden nicht islamisch bedeckten Frauen demütigend peinigte, rührte er immer abschließend durch „*rouse*" des Karbala die Moschee-Besucher zum Wehklagen. Im Mittelpunkt seiner Darstellungen standen die Aufrichtigkeit, der Mut, die Unnachgiebigkeit und Opferbereitschaft für die Gerechtigkeit des Islam des Imam Hosain, sowie der Feind als Verkörperung alles Bösen.

Als Haustyrann konnte zwar der islamische Familienvater die islamische Erziehung, wie der Mullah dem Islam entsprechend von ihm verlangte, regelrecht nur im Familienbereich herstellen, das öffentliche Leben lag jedoch außerhalb seiner Kontrolle und seines Machtbereichs.

Doch das Erscheinen eines aufrichtigen, mutigen, kompromißlosen Führers, der die „Prostitution", den „Antiislamismus", die „Ungerechtigkeit gegen die Geistlichkeit" anprangerte und bekämpfte, änderte die Situation. Der Zusammenhalt der islamischen Masse, die sich früher nach der Beendigung der Moschee-Predigt auflöste, dauerte jetzt an. Es hatte den Anschein, daß man vorläufig - bis zum Sieg der Revolution - den Märtyrer-Imam und das Ereignis von Karbala vergessen hätte, um mit seiner eigenen Opferbringung den Zeit-Yazid, den Schah zu beseitigen und die Gerechtigkeit, wie sie unter der Mahdi-Herrschaft (Herrschaft des zwölften Imam) sein wird, walten zu lassen. Die Masse stellte sich und ihren Führer in den Mittelpunkt der gegenwärtigen Geschichte. Die Moschee wurde zur Barrikade der islamischen Revolution und Politik. Die Bewunderung und Verliebtheit dem Führer gegenüber verbannte im Sinn von Le Bon [143] jeden vernunftsnahen Gedanken aus der Masse. Die Masse unterdrückte, dem Führer folgend, die Andersdenkenden und -handelnden. Der große Haß dem Schah gegenüber und die faszinierende Macht der Masse verblendete ihrerseits die sozialkritischen, von der Macht der Masse träumenden Intellektuellen. Unter der Autoritätsgebundenheit der Masse an den Führer reduzierte sich die Forderung der Antischahbewegung praktisch auf das Minimalste: auf ein Abdanken der Schah-Regierung und die Rückkehr des Ayatollahs aus dem Exil bzw. auf seine Machtübernahme. Die Masse stellte dem Führer ihre lenkbare Kraft für die Zerstörung des Feindes bzw. der westlich-orientierten Kulturerscheinungen zur Verfügung. Nach dem Sturz des Schahs begann man mit dem Aufbau der islamischen Republik. Man brachte die schiitische Masse auf die Straße, wenn man sie brauchte.

Für das schiitische Volk verkörperte A. Khomeini den starken Widersacher gegen den Vater-Schah. Er war der mit dem Verborgenen Imam in Verbindung stehende, erlösende, rebellierende große Bruder (Sohn), mit dem sich der Gläubige in der Masse als unterdrückter Sohn identifizierte. Der schiitische Gläubige liebte jedoch an ihm noch stärker das, was er bei dem anderen bekämpfen wollte. Aufgrund der Ambivalenz und des Schuldgefühls gegenüber dem Vater war A. Khomeini für den schiitischen Gläubigen gleichzeitig auch der ödipale Vater, der an die Stelle seines Gewissens gerückt war. Deshalb wurde der Gefolterte des Ewin-Gefängnises während der Schah-Herrschaft aufgrund der Verliebtheit des Volkes in den Führer und

[143]Gustav Le Bon schreibt in seiner „Psychologie der Massen"(1895) über die (Un)Beeinflußbarkeit der Masse folgendermaßen:

> *Wir haben bereits festgestellt, daß die Massen durch logische Beweise nicht zu beeinflussen sind und nur grobe Ideenverbindungen begreifen. Daher wenden sich auch die Redner, die Eindruck auf sie zu machen verstehen, an ihr Gefühl und niemals an ihre Vernunft.* S.93-94, 1950

Was die iranische Massenbewegung von 1978/79 angeht, möchte ich jedoch nicht ganz an dieser Ansicht von Le Bon festhalten. Denn wir wissen, daß der Beinflußbarkeit der schiitischen Masse im Iran durch die Geistlichkeit und A. Khomeini die historische und psychokulturelle Verbindung der Masse mit der schiitischen Geistlichkeit zugrunde liegt. Die Ideenverbindung im Sinne von Le Bon ist hier nicht etwas Zufälliges. Darüber hinaus möchte ich hier hinzufügen, daß die intellektuelle Leistung und Vernunft nicht von Gefühlen so sauber zu trennen.sind, was in Le Bonscher Massenpsychologie unterstellt wird.

seiner unwiderstehlichen und tonangebenden Autorität, selbst zum Folterer und Henker der islamischen Republik.

Von dem langjährigen kulturellen Angriff auf die Schia, der für den schiitischen Kulturträger - vom psychoanalytischen Gesichtspunkt aus betrachtet - die Vatertötung assoziierte bzw. die Schuld rege machte, staute sich bei der Masse Aggression, die jedoch mit dem erlösenden Erscheinen des als **externalisiertes Über-Ich funktionierenden Führers**, durch seine Wegweisung, Verantwortlichkeit und gewährende Gewissensfreiheit, freien Lauf bekommen hat. Hinter dem masochistischen Mitleid bzw. Selbstmitleid des islamischen Revolutionsanhängers, hinter seinem humanitär erscheinenden Gerechtigkeitswunsch, steckten Grauen, und Neid auf Mächtigen, die erst in der zweiten Episode der Revolution, nämlich nach der Übernahme der Macht, manifest wurden. Der Stablisierungsprozeß der islamischen Republik ging mit der Liquidierung der Opposition einher. Mit dem Urteil „*mofsed-al-fel-arz*“ (der Verbrecher auf Erden) oder „*mohareb ba khoda*“ (Krieger gegen Gott) war die bedenkenlose Vernichtung des antiislamischen Opfers jeder Art islamisch gerechtfertigt.

Die Gerechtigkeitsbestrebung der islamischen Bewegung gegen die Verwestlichung Irans bzw. die Entmachtung der Geistlichkeit war mythologisch von den drei dargestellten mythischen Momenten der Schia (*wilayat, schahadat, ghejbat*) beeinflußt. Sie hatte die Anfangszeit des Islam, „*sadr-e eslam*“ den Urislam, mit dem für die Schia die *wilayat*-Herrschaft des ersten Imam, Ali gemeint ist, als Vorbild der Urgerechtigkeit im Sinn. Sie identifizierte sich mit der Tragödie von Karbala als Anfang aller Ungerechtigkeiten, als „Urungerechtigkeit“ weiterhin identifizierten sich die Anhänger der islamischen Bewegung mit dem Märtyrer-Imam Hosain, für den Erlösungstod als letztes Mittel zum Sieg. Und schließlich war die islamische Bewegung beinflußt von dem schiitischen, ursprünglich auf die Legende vom Verborgenen Imam zurückgehenden Glauben des Endsiegs der Gerechtigkeit über die Ungerechtigkeit, von der schiitischen Utopie der Welterlösung.[144]

---

[144]Die Idee der Welterlösung und der Endsieg des Guten über das Böse ist in der iranischen Kultur älter als die im Islam. Die zarathustrische Religion kennt eine solche Auffassung. Für sie ist die Entwicklung der Allwelt eine, im Sinne von H. Lommel „Heilgeschichte“. Lommel schreibt aus zarathustrischer Mythologie:

Die Erinnerung an die historisch-mythologische Vergangenheit im Blochschen Sinn[145], die in den Träumen vom goldenen Zeitalter des Urislams bei der islamischen Bewegung erschien, war in wesentlicher Hinsicht der Beweggrund der islamischen Revolution. Das förderte regressive Phantasien bei den Revolutionsanhängern. Man spürte bei dem gläubigen Anhänger der Revolution in Bezug auf die Herstellung der Gerechtigkeit eine, der Realität gegenüber, völlig inadäquate übertriebene Zuversicht. Diese Euphorie des Sieges brachte zwar die gewaltige Zerstörungskraft der Masse hervor, die in der Lage war die antiislamische Macht, „*taghut*“ zu stürzen, doch der Auftrag der Revolution, die Gesellschaft nach den Vorstellungen über die Anfangszeit des Islam zu richten, blieb unerreichbar.

Wie in jeder Schuldkultur war die islamische Revolution aufgrund des ihr zugrunde liegende Vater-Sohn-Konflikts bereits eine „verratene Revolution“[146]. Nicht nur der Verlust der alten kulturellen Ordnung erweckte bei vielen mittragenden sozialen Kräften der Revolution, sobald diese die bestehende Utopie nicht erfüllen konnten, ein Reuegefühl, sondern der, unbewußt auf der Ambivalenz der Schuldreligion Schia beruhenden „*kofr*“ Unglaube der schiitisch-iranischen Anhänger wurde nach der Revolution manifest. Die islamischen Ziele der Revolution verkehrten sich durch ihre Politisierung ins Gegenteil. Das kulturelle Hauptziel der islamischen Revolution war zwar die Bekämpfung der „Prostitution“ und des „Alkoholkonsums“. Jeder Iraner weiß jedoch, daß man heute im Iran mehr Alkohol konsumiert als zur Schah-Zeit, wenngleich heimlich. Produktion und Verteilung von Alkohol wurde zwar durch die Revolution abgeschaft, ihr Konsum ist jedoch durch die häusliche Produktion gestiegen. Hier hat das Volksmund recht, wenn er sagt: früher (zur Schah-Zeit) tranken wir draußen und beteten zu Hause, heute (nach der Revolution) trinken wir zu Hause und beten draußen.

Als Zarathustra auftrat und die Lehre der Mazdaverehrung in die Welt brachte, durch die im letzten Trimillennium das Gute gestärkt wird im Kampf, der am Schluß in einer großen Entscheidungsschlacht aufs höchste entbrennt und zum Sieg führt. Die Niederlage der bösen Mächte ist das abschließende Heil der Welt. S.131, 1971

[145] Hierzu vergl.: E. Bloch, „Ungleichzeitigkeit und Pflicht zu ihrer Dialektik„ (1932), G.A. Bd.4, 1962

[146] Hierzu vergl.: H. Marcuse, 1984

Die islamische Politik sollte durch die Gewalt der verschiedenen Komitees und der Staatsorgane die Kluft zwischen der schiitischen Phantasie von einer gerechten Republik und der historischen Realität aufheben. Es war jedoch nicht die bestehende Realität, die sich den Anforderungen der Phantasie der Gläubigen anpassen mußte, sondern eher umgekehrt. Die Gewaltherrschaft der islamischen Republik konnte zwar die s.g. Sekundär-Sozialisation (in der Schule und Öffentlichkeit), was die Geschlechtertrennung anbelangt, islamisch organisieren, die Primär-Sozialisation in der modernen Familie blieb jedoch vor ihrem Eingriff verschont. Sie hat zwar in ihrer, von der Ideologie stark geprägten Anfangsphase versucht, sich auch in die innere Angelegenheit der Familien einzumischen, sie mußten dies jedoch aus Mangel an Durchsetzungsmöglichkeiten aufgeben. Dies forderte seinerseits eine langfristige politische Konzentration auf die inneren Angelegenheiten des Landes bzw. einen Austritt aus der Weltgesellschaft, was eventuell den Eingriff in die moderne Familie ermöglichen könnte. Die historisch nicht rückgängig zu machende Integration der iranischen Gesellschaft in der Weltgesellschaft verhinderte dies jedoch. Es hat den Anschein, daß die westlich-orientierte Kultur Irans den politischen Vernichtungsangriff der islamischen Republik gegen ihre Erscheinungen überleben wird. Dies ist einerseits möglich durch ihre Anhänger, die versuchen, an die s.g. westlichen vorrevolutionären Kulturwerte, wenn auch unter schweren Bedingungen, festzuhalten. Dies gelingt jedoch andererseits viel wahrscheinlicher ihren zahlreichen nostalgischen Anhängern im westlichen Exil, die befreit von der heimischen Unterdrückung jene Kulturwerte reproduzieren.

Zum Schluß dieses Kapitels läßt sich, wie schon aus der Entwicklung der islamischen Bewegung bzw. der islamischen Republik tendenziell ersichtlich ist, die Prognose stellen, daß, was die Pahlawi-Dynastie bezüglich der Säkularisierung der Schia-Religion nicht schaffen konnte, die islamische Republik ungewollt zustande bringen wird. Sie macht es auf Kosten der väterlichen Macht der schiitischen Geistlichkeit.

3 Das Schamgefühl in der persisch-islamischen Kultur/die Geschlechtertrennung

Eine psychologische Betrachtung des Schamgefühls in der persisch-islamischen Kultur bzw. der kulturellen Geschlechtertrennung in der iranischen Gesellschaft setzt eine theoretische Auffassung der Scham voraus. Für das Verständnis dieses psychokulturellen Phänomens ist die Psychoanalyse - ich gehe hier vor allem von ihrer klassischen Theorie aus - aufgrund ihres Ansatzes, die unbewußten Anteile des menschlichen Seelenlebens als psychosexuelle Entwicklung der Kindheit zu reflektieren, von Bedeutung. Deshalb werde ich im Folgenden versuchen, anhand der verschiedenen Theorien der Scham im Rahmen der Psychoanalyse, meine Auffassung über den Begriff der Scham zu präzisieren, bevor ich im Weiteren anhand dieser theoretischen Auffassung das Schamgefühl in der persisch-islamischen Kultur darzustellen versuche.

3.1 Zur Psychoanalyse der Scham

Die Scham ist ein altes Gefühl. Sie erhielt in der Literatur schon seit der Antike Aufmerksamkeit.[147] Man soll jedoch m.E. bei dem Begriff Scham in den verschiedenen Literaturen und speziell in den verschiedenen Lektüren im Rahmen der Psychoanalyse besonders auf Inhalt der Scham achten, weil bei verschiedenen Inhalten oft ein und derselbe Begriff Scham verwendet wird.

In der Psychoanalyse Freuds hat die Scham recht wenige Beachtung gefunden. Bei den Werken Freuds bekommt man den Eindruck, daß die Scham im Gegegensatz zum Schuldgefühl besonders in seinen späteren Werken immer mehr an Relevanz verloren hat. Erst nach Freud hat die Scham Beachtung bei verschiedenen Richtungen der Psychoanalyse gefunden. Die neue Scham-Betrachtung vernachläßigt jedoch m.E. vor allem den triebtheoretischen Ge-

[147] Gemeint ist die Verwendung des Begriffs der Scham in den griechischen Dramen der Antike, bei Shakespeare, bei Goethe, bei der Philosophie Nietzsches und auch in den heutigen Literaturen. Vergleiche zu dieser Ansicht C. Bailer, „Pathologie der Scham als Folge gestörter Individuation" (eine Arbeit zum Erwerb der ordentlichen Mitgliedschaft in der DPV), (1989). Der Begriff der Scham kommt auch oft in der persischen Literatur und beim persischen Sprachgebrauch als „*scharm*", „*haja*", „*khedjalat*" und „*azarm*" vor.

schen Gesichtspunkt und gibt im allgemeinen keinen Anhaltspunkt für ihre Scham-Erklärung. Darüber hinaus wird phänomenologisch oft die Scham mit dem Minderwertigkeitsgefühl verwechselt, zumal sie beide nur sehr schwer voneinander zu unterscheiden sind und sich gegenseitig auslösen bzw. verdecken können. An folgenden Beispielen der Scham-Theorie soll diese Kritik anschaulich gemacht werden.

3.1.1 Zur Relevanz der Scham bei „Identitätsproblemen" und „narzißtischen Konflikten"

Die Wiederaufnahme des Themas Scham in die psychoanalytische Literatur ist wahrscheinlich auf Piers und Singer[148] und auf Lynd[149] zurückzuführen. Die wachsende Aufmerksamkeit der Scham-Betrachtung richtet sich seit diesem Zeitpunkt für eine Gruppe der Psychoanalytiker überwiegend auf die Scham-Problematik bei Menschen mit „Identitätsproblemen". Aus fast allen, sich mit dem Thema Scham beschäftigenden psychoanalytischen Schriften der letzten vier Jahrzehnte geht hervor, daß die Schamreaktion im Vergleich zum Schuldgefühl bzw. seiner Relevanz bei pathologischen Dispositionen der Individuen in ihren Objektbeziehungen, bei Menschen mit s.g. „Identitätsproblemen" und bei Menschen mit „narzißtischen Konflikten" einen pathologischen Stellenwert bekommen hat.

Die Schamreaktion und ihre Wirkung auf das „Identitätsgefühl"

Die theoretische Darstellung der Scham von E. Jacobson[150] als Begründer der „analytischen Identitätstheorie" wäre ohne Verbindung mit ihrer allgemeinen Identitätskonzeption für unseren Zweck nicht angebracht. Deshalb wird hier versucht, ihre Scham-Theorie in Verbindung mit ihrer Definition von Identität darzustellen.

[148] Hierzu vergl.: G. Piers and N.S. Singer, „Sham and Guilt A psychoanalytic and cultur study" (1953)
[149] Hierzu vergl.: H.N. Lynd „On Sham and the Search for Identity" (1958)
[150] Hierzu vergl.: E. Jacobson, „Das Selbst und die Welt der Objekte" (1964)

Nachdem H. Hartmann[151] die Unterscheidung zwischen den Begriffen Ich, Selbst und Selbstrepräsentanzen eingeführt hat, was ihn als Begründer der s.g. Ich-Psychologie kennzeichnete, will E. Jacobson anschließend an diese neuen Begrifsfdifferrenzierungen die „allgemein akzeptierte psychoanalytische Definition des Begriffs der Identität" anhand der klinischen Beobachtungen an Psychose und Bordeline-Fällen feststellen. Sie definiert die Identitätsbildung als einen Prozeß, in dem sich die Fähigkeit bilde, die gesamte psychische Organisation (Triebentwicklung, Ichreifung, Überichbildung, Schicksale der Objektbeziehungen und der Identifizierungen) - trotz ihrer wachsenden Strukturierung, Differenzierung und Komplexität - als „eine hochindividualisierte, aber kohärente Einheit" zu erhalten, die auf jeder Stufe der menschlichen Entwicklung Gerichtetheit und Kontinuität besitze. Die normale Identitätsbildung hänge von der Effektivität der synthetisierenden, organisierenden Ichfunktion ab. Und der objektive Prozeß der normalen Identitätsbildung finde auf jeder Entwicklungsstufe seinen Widerhall im normalen subjektiven Identitätsgefühl.

Nach Jacobson tritt Scham als Reaktion auf prägenitle (orale, insbesondere anale und auf phallisch-exhibitionistische) Triebwünsche auf. Die Scham sei ursprünglich eine Reaktionsbildung auf verbotene Triebwünsche bzw. den Verlust der Triebkontrolle, den körperlichen Defekt (Kastration) und eigenes Versagen, wenn dieses für andere sichtbar würde. Als Manifestation eines internalisierten Konflikts werde die Scham zum Bestandteil der Überich-Konflikte und könne unabhängig vom Sichtbarwerden für die anderen auftreten. Sie schreibt:

> *An dieser Stelle möchte ich noch einmal betonen, daß Gefühle von moralischer Scham sich bei Erwachsenen als Reaktionsbildung auf prägenitale Strebungen in Verbindung mit Schuldgefühlen entwickeln können. Sie deuten dann auf Über-Ich-Konflikte hin.*
> S.164, (1964), 1978

[151] Hierzu vergl.: H. Hartmann, „Ich-Psychologie, Studien zur psychoanalytischen Theorie" (1950)

Jacobson unterscheidet im Gegensatz zu Hartmann und Loewenstein[152] Scham-Schuld- und Minderwertigkeitsgefühle voneinander. Nach ihrer Meinung stehe die Scham zwischen den Schuldgefühlen und Minderwertigkeitsgefühlen und könne mit beiden verknüpft sein. Schamgefühle beziehen sich nach Jacobson auf das Selbstwertgefühl, während Schuldkonflikte einen besonderen Bezug zur Feindseligkeit und Schädigung anderer und ganz allgemein zur Qualität der Objektbeziehungen hätten. Sie schreibt:

> Im Hinblick auf die Differenzierung der Scham- und Minderwertigkeitsgefühle von Schuldgefühlen ist es sicherlich wichtig, daß Schuldkonflikte - wie Freud betonte - einen besonderen Bezug zur Feindseligkeit und Schädigung anderer und ganz allgemein zur Qualität unserer Objektbeziehungen haben. Im Gegensatz dazu haben Schamgefühle und ebenso auch Minderwertigkeitsgefühle und Gefühle von Erniedrigung weit mehr elementare narzißtisch-exhibitionistische Implikationen. S.158, (1964), 1978

Schamreaktionen unterscheiden sich für Jacobson von Minderwertigkeitsgefühlen darin, daß die Schamgefühle Reaktionen auf spezifische Triebregungen seien, während die Minderwertigkeitsgefühle Ausdruck narzißtischer Niederlagen in irgendeinem Bereich der Ich-Fähigkeiten, einschließlich der Objektbeziehungen seien, die ursprünglich sogar vor dem Kastrationkonflikt lägen. Nach Jacobson wäre es falsch, wie Freud zu sagen, daß Minderwertigkeitskonflikte auf den Kastrationskonflikten beruhten.

Die Scham- und Minderwertigkeitsgefühle könnten, so Jacobson, sekundär Schuldgefühle hervorrufen und durch sie verschleiert werden. Umgekehrt könnten Schuldgefühle durch Scham- und Minderwertigkeitsgefühle verdeckt und abgewehrt werden. Gefühle der moralischen Scham könnten sich bei Erwachsenen als Reaktionsbildung auf prägenitale Strebungen in Verbindung mit Schuldgefühlen entwickeln.

Jacobson weist zurück, wie Piers das Schamgefühl als Spannung zwischen Ich und Ichideal darzustellen, denn sie ist im Gegensatz zu Piers nicht der

[152] Hierzu vergl.: H. Hartmann und R.M. Loewenstein, „Notes on the Superego. The psychoanalytic Study of the Child " (1962)

Ansicht, daß das Ichideal eine frühere Struktur als das Über-Ich wäre. Nach ihr ist das Ichideal als Teil des Systems Über-Ich zu betrachten.

Da der Erwerb der Stuhlkontrolle und die Entdeckung der Geschlechterunterschiede nach Jacobson eine wichtige Rolle in der Entwicklung der Identitätsgefühle spielen würden, ist es in diesem Zusammenhang eindeutig, daß der Verlust der phallischen und analen Triebkontrolle eine Scham auslösen, die sich ihrerseits auf das Identitätsgefühl negativ auswirken würde.

Bei den theoretischen Überlegungen Jacobsons muß man differenzieren, daß sie einen anderen triebtheoretischen Ansatz und ein anderes Verständnis von psychischen Strukturen als in der klassischen Psychoanalyse zur Grundlage haben. Im Gegensatz zur Freudschen dualistischen Triebtheorie geht Jacobson allgemein beim Neugeborenen von einer, infolge der inneren und äußeren Reize „energetischen Differenzierung“ einer ursprünglich indifferenzierten Energie beim „Urselbst“ aus, die sich in libidinöse, aggressive und indifferenzierte Energien differenziere. Jacobson postuliert ebenfalls eine „strukturelle Differenzierung“ des Urselbst.

Aus den metapsychologischen Überlegungen Jacobsons geht hervor, daß die psychosexuelle Entwicklung des Subjekts im Gegensatz zur Freudschen Annahme, auf eine undifferenzierte, energetische und strukturelle Einheit (psychophysiologisches Selbst) zurückgeführt wird, wobei diese Einheit bei ihrer Konzeption unbestimmt bleibt. Etwas wie **Partialtriebe** finden gemäß der logischen Konsequenz ihrer Konzeption bei ihren Darstellungen über die Scham keine Erwähnung. Da Jacobson bei ihrer Scham-Theorie den Partialtrieb der Schau außer Acht läßt, hat ihre Theorie keinen Anhaltspunkt. Im Gegensatz zu Jacobson denke ich - und das ist beim Verständnis der Schamproblematik entscheidend -, daß die Schamreaktion, da sie eine Reaktion auf den verbotenen Schautrieb ist, auf jeden Fall, auch wenn sie beim Erwachsenen in Bezug zum Über-Ich-System steht und als Konflikt internalisiert ist oder mit dem Schuldgefühl zusammen auftritt, nur im Zusammenhang mit dem, im weitesten Sinn des Wortes Sichtbarwerden des beschämten Subjekts für die anderen ausgelöst wird. Das Sichtbarwerden für die anderen ist jedoch nicht unbedingt gleichbedeutend mit der Präsenz der anderen für das Subjekt. Entscheidend ist dabei, daß man sich bei der verbotenen Triebregung beobachtet fühlt; sei es direkt durch das Sichtbarwerden für die anderen, oder dadurch, daß die anderen diese verbotene Triebregung erfahren und darüber wissen. Beim ersten Fall will man sich aufgrund der Scham der Beobachtung der anderen entziehen und verschwinden, beim zweiten Fall vermeidet man aus demselben Grund den Blick der anderen und verbirgt sich. Ein Schamgefühl vor dem Über-Ich würde m.E. für das Subjekt bedeuten, sich bei einer verbotenen Triebregung vom Über-Ich als Vertreter der Eltern (Gesellschaft) beobachtet zu fühlen. Ein solches Schamgefühl ist jedoch vom Schuldgefühl nicht eindeutig zu unterscheiden. Es ist im Sinne von Jacobson vom Schuldgefühl verdeckt.

Scham als Anzeichen „narzißtischen Ungleichgewichts" bei der „Selbstpsychologie"

Anhand der klinischen Beobachtungen an manchen narzißtischen Persönlichkeitsstörungen will H. Kohut[153] - m.E. ein wichtiger Ausgangspunkt seiner Narzißmus-Theorie - feststellen, daß die Antithese vom Narzißmus nicht die Objektbeziehung wäre, sondern die Objektliebe. Damit meint er, daß das Vorhandensein von Objektbeziehungen den Narzißmus nicht unbedingt ausschließe. Nach Kohut beziehen sich einige der intensivsten narzißtischen Erfahrungen auf Objekte, die er als „Selbst-Objekte" bezeichnet. Er postuliert zwei getrennte und weitgehend voneinander unabhängige Entwicklungslinien der Libido; die eine führe vom Autoerotismus über den Narzißmus zu höheren Formen und Umwandlungen des Narzißmus; die andere führe vom Autoerotismus über den Narzißmus zur Objektliebe.

Erinnern wir uns, daß die „narzißtische Objektwahl" bei Freud[154] auf die Objektwahl hinweist, bei der das Objekt dem Narzißmus des Subjekts dient, indem das Subjekt von diesem geliebt wird. Freud meint im Gegensatz zu Kohut hier eine Art Objektliebe. Darüber hinaus übersieht Kohut, daß eine Objektliebe, auch in seinem Sinn über den Narzißmus entsteht , d.h. mit der Idealisierung des Objekts einhergeht. Eine Objektliebe mit der Idealisierung wäre jedoch andererseits im Kohutschen Sinn die „höhere Form des Narzißmus" und keine Objektliebe. Der Begriff Objektliebe bleibt in der Tat

---

[153]Hierzu vergl.: H. Kohut, „Narzißmus - Eine Theorie der psychoanalytischen Behandlung narzißtischer Persönlichkeitsstörungen" (1971), 1979
[154]Hierzu vergl.: S. Freud, (1914), G.W., Bd.X

in seiner Narzißmus-Theorie unklar, da sich sein Begriff vom Narzißmus auf das Objekt erweitert.

Das Gleichgewicht des primären Narzißmus wird nach Kohut durch die unvermeidbaren Begrenzungen mütterlicher Fürsorge gestört. Das Kind jedoch ersetze die vorherige Vollkommenheit (a) durch den Aufbau eines „grandiosen und exhibitionistischen" Bildes des Selbst: des „Größen-Selbst"; (b) und indem es die vorherige Vollkommenheit einem bewunderten, allmächtigten Selbst-Objekt zuweise: der „idealisierten Eltern-Imago".

Im Gegensatz zur Freudschen Betrachtungsweise wird der Narzißmus in Kohutscher Betrachtungsweise nicht durch das Ziel der Triebbesetzung bestimmt, sondern, wie er meint, durch „die Natur oder Qualität" dieser Besetzung. Deshalb ist in seiner Betrachtungsweise die „narzißtische Besetzung des Objekts" vorstellbar. Während für Freud narzißtische Libido als Ich-Libido nur das Ich besetzt und das Objekt mit der Objektlibido besetzt wird, können das narzißtische Selbst (das Größen-Selbst) und das narzißtische Objekt (das idealisierte Eltern-Imago) nach Kohut als gleicherweise „stabile Konfiguration" mit narzißtischer Libido besetzt sein. In diesem Zusammenhang ist die narzißtische Libido für Kohut die "idealisierende Libido" oder die „grandios-exhibitionistische Libido" . Man merkt hier, daß bei Kohut im Gegensatz zu Freud Libido einen idealisierenden oder grandios-exhibitionistischen Charakter (Qualität oder Natur) bekommt. In Freudscher Betrachtungsweise ist es nicht die Libido, die idealisiert, sondern das idealisierte Objekt wird mit Libido besetzt. Nach Freudscher Vorstellung würde die Libido keine Eigenschaft des Objekts oder des Subjekts übernehmen. Sie kann m.E. diesem oder jenem (possessivisch) angehörig sein. Die Libido ist bei Freud die quantitativ besimmte, jedoch nicht meßbare sexuelle Triebenergie. Das „Homosexuelle" der "homosexuellen Libido" bei Freud bestimmt als Attribut nicht die Qualität der Libido, sondern ihre Zugehörigkeit zum Subjekt mit der gleichgeschlechtlichen Objektwahl. So ist es auch mit dem Begriff „Exhibitionismus". Er bezieht sich nicht als Eigenschaft auf die Libido, sondern auf das Subjekt oder Teilobjekte.

Kohut stellt fest, daß die eigentliche Angst bei den Analysen narzißtischer Persönlichkeitsstörungen nicht die Kastrationsangst sei, sondern die Angst vor dem entdifferenzierten Eindringungen der narzißtischen Strukturen und ihrer Energien in das Ich. Er stellt zwei Gruppen von narzißtischen

Persönlichkeitsstörungen fest; a - die , bei denen das archaische Größen-Selbst vorwiegend verdrängt und/oder verleugnet wird, d.h. „horizontal" vom Real-Ich abgespalten ist. Diese Patienten wären symptomatologisch durch den Mangel an Narzißmus gekennzeichnet; b - die, bei denen das unmodifizierte Größen-Selbst vom realitätsorientierten Bereich der Psyche durch eine „vertikale" Spaltung abgetrennt sei. Das Größen-Selbst dieser Menschen könne deshalb als im Bewußtsein gegenwärtig bezeichnet werden und beeinfluße jedenfalls viele Handlungen dieser Menschen. Die Folge der Verdrängung dieser psychischen Strukturen (Größen-Selbst) sei die depressive Stimmung, Schambereitschaft und Hypochondrie. Kohut lehnt es ab, die Ursache für diese psychische Disposition bei den Forderungen eines idealisierten Über-Ichs zu sehen. Nach ihm ist die Scham keine Folge der Spannung zwischen Ich und Ich-Ideal. Viele für Beschämung anfällige Menschen besäßen keine starken Ideale, sondern sie seien meistens exhibitionistische Persönlichkeiten. Ihr charakteristisches psychisches Ungleichgewicht, das als Scham empfunden werde, sei Folge einer Überflutung des Ichs mit „nicht-neutralisiertem" Exhibitionismus. Nachdem solche Menschen Niederlagen beim Verfolgen ihrer ehrgeizigen und exhibitionistischen Ziele erlitten hätten, empfänden sie Scham und Neid. Diese Scham- und Neidgefühle könnten selbstdestruktiven Impulsen folgen, die nach Kohut nicht mit dem Angriff des Über-Ichs gegen das Ich verwechselt werden dürfen. Sie seien Ausdrücke narzißtischer Wut als Folge des Einströmens unmodifizierter narzißtischer Libido ins Ich.

Narzißtische Persönlichkeiten werden nach Kohut im allgemeinen nicht vorwiegend von Schuldgefühlen bedrängt, sondern vielmehr vom Schamgefühl, d.h. sie reagieren auf den Durchbruch der archaischen Aspekte des Größen-Selbst, besonders seines nicht neutralisierten Exhibitionismus mit Schamgefühl.

Wie aus den oben angeführten Ansichten Kohuts hervorgeht, ist die Scham keine Reaktionsbildung gegen das Sichtbarwerden des Ichs für die anderen, sondern kann ohnehin auftreten. Sie ist in seiner theoretischen Auffassung keine Reaktion auf den verbotenen Schautrieb, der m.E., wie schon früher gesagt wurde, als ein sich in der psychosexuellen Entwicklung manifestierender Trieb mit dem primären Ziel der sexuellen Lustgewinnung betrachtet werden muß.

Scham als Folge „narzißtischer Störung" bei der „Individuationstheorie"

Aufbauend auf dem Gedanken von Lichtenstein[155], nach dessen Ansicht das Individuum in ständiger Spannung zwischen Erhalt und Aufgabe seiner Identität lebe, ist Kinston[156] der Ansicht, daß die Dichotomie zwischen „Selbstnarzißmus" und „Objektnarzißmus" die Entstehungsbedingung für die Erfahrung von Scham sei. Er macht die Scham an der Grenze zwischen „gesundem Selbstnarzißmus" und dem Verlangen in „Objektnarzißmus" auszuweichen, fest. Nach seiner Individuationstheorie wohnt jeder Individuation das Erleben von Trennung inne, und die Erfahrung der Scham gehe mit dem Getrenntwerden einher. Der aus gesundem Selbstnarzißmus Handelnde, in seiner eigenständigen Entwicklung geförderte, deshalb weniger schamanfällige Mensch empfinde die mit der Trennung einhergehende Entdeckung seines Selbst weniger schmerzhaft. Für den Heranwachsenden hingegen, der von früh an in seiner Eigenständigkeit nicht akzeptiert werde, sei sein Selbst mit negativen Gefühlen und Vorzeichen besetzt. Für ihn läge die Flucht in den Objektnarzißmus gerade nahe.

Scham als Folge gestörter „Individuation"

C. Bailer will in Fortführung der von Kinston angestellten Überlegungen den „inneren Zusammenhang zwischen Scham und Individuation" darstellen[157]. Für sie beginnt die Individuation mit der Wahrnehmung des „Körper-Selbst" oder "Körper-Ich" und setzt sich mit dem ersten "Selbsterkennen" vor dem Spiegel fort und geht dann in die weiteren Manifestationen des Ichs über.

Nach Bailer muß das junge Individuum, um Scham empfinden zu können, zumindest eine rudimäntäre Vorstellung von sich selbst haben. In Bezug auf

[155]Hierzu vergl.: H. Lichtenstein, „The Role of Narcissism in the Emergence and Maitennance of a Primary Identity" (1964) in: „Intern. Journal Psychanal. 45, 49-56

[156]Hierzu vergl.: W.A. Kinston, „A Theoretical and Technical Approach to Narcissistic Disturbance" in: „Intern. Journal Psychanal. 61, 383-394 (1980) Ders. „A Theortical Context for Scham" in: „Intern. Journal Psychanal. 64, 213-226 mit weiteren Nachweisen (1983)

[157]Hierzu vergl.: C. Bailer, (1989)

Galenson[158] vertritt sie auch die Ansicht, daß das Berühren und Betrachten der Genitalien integraler Bestandteil der Errichtung des Gefühls von sich selbst sei. Nach ihr lassen sich die Entstehungsbedingungen der „pathologischen Scham“ und der “latenten Schamhaftigkeit“ bis auf den Zeitpunkt der ersten Erkenntnis des Selbst und der damit verbundenen Erfahrung des Andersseins zurückverfolgen. Darin eingebunden sei auch die Wahrnehmung von sich selbst als sexuelles Wesen.

Werden die Individuationsversuche von den Bezugspersonen eingeengt oder verhindert, müsse das Kind seinen Drang nach der Individuation verleugnen und statt dessen sich den Bedürfnissen der Bezugspersonen anpassen. Sein Selbstwertgefühl werde infolgedessen stark betroffen und die Ausprägung eines „falschen Selbst“ könne die Folge sein.

Um anzudeuten, daß die Scham ein Problem der Individuation sei und nicht ausschließlich eins der Sexualität, daß die Individuation einen weiteren Bereich umfasse als nur den sexuellen, fügt Bailer zum Schluß ihrer Theorie hinzu, daß die allgemeine Liberalisierung im sexuellen Bereich als eine der Ursachen für den Abbau gesellschaftlich bedingten Schamempfindens kaum zur Abschwächung des in ihrer Arbeit untersuchten und ganz anders gelagerten Schamgefühls geführt habe.

Besonders aus dieser Ansicht aber auch aus der gesamten Theorie Bailers über die Scham und Individuation geht hervor, daß in ihrer Auffassung, wie bei den vielen Vertretern der verschiedenen Identitätstheorien der Begriff Identität als zentrales Thema immer zu Gunsten der Verdrängung des sexuellen Aspekts der psychosexuellen Entwicklung in den Vordergrund der psychoanalytischen Betrachtungsweise gerückt ist. Man hat hier versucht, das Phänomen der Scham in Verbindung der „Identitätsbildung“ oder “Individuation“ und anhand der verschiedenen Narzißmus-Theorien zu betrachten, indem man ihre sexuelle Herkunft bzw. den triebtheoretischen Aspekt vernachlässigt und der Scham einen oberfläschlichen Inhalt zugeschrieben hat.

[158] Hierzu vergl.: E. Galenson, „Preoedipale Development of Boys“ (1978)

Scham als Furcht, wahrzunehmen (zu sehen) und wahrgenommen (gesehen) zu werden

Wurmser[159] will die Scham als Syndrom auf der Ebene der klassischen Trieb- und Konflikttheorie betrachten. Er geht neben der als Primärkonflikt bezeichneten Spannung zwischen Vereinigung und Getrenntheit (mit und von der Mutter) von dem Vorhandensein einer „Urabwehr“ im Sinne eines “Sichabschließens“ von der Umwelt und von „archaischem Narzißmus“ im Zusammenhang des “Reizschutzes“ und der „Reizsuche“ aus. Die Bewältigung dieser Konflikte hätte nach Wurmser entscheidende Rückwirkungen auf die Identitätsbildung. Er stellt den archischen Konflikt der Vereinigung und der Getrenntheit in Sehen und Gesehenwerden, in Selbstausdruck und Beeindrucken dar. Dem Auge und der Funktion des Sehens schreibt Wurmser ähnlich wie dem Mundbereich, die Bedeutung einer erogenen Zone zu. Komme es bei der Lösung dieser Konflikte zur Störungen, so Wurmser, könne das im weiteren Verlauf zur Scham führen.

Wenn der Säugling im Auge der Mutter keine liebevolle Erwiderung finde, würden nach Wurmser sein Selbstbild und sein Selbstgefühl gestört. Die Blickabwendungen des 2-3monatigen Kindes bei zu großer Zudringlichkeit der Mutter seien die Vorläufer der Schamreaktion. Wurmser interpretiert die Scham als Schwäche und Nichtliebenswert-Seins des Subjekts. Das liebesunwerte Subjekt nehme konkret benennbare und leichter akzeptierbare Mängel und Defizite auf sich. Die Scham sei daher letzlich Teil eines Über-Ich-Konflikts, ein Problem der Selbstverurteilung. Sie sei die Angst davor, der Kränkung durch andere ausgesetzt zu sein.

Obwohl Wurmser die Scham in Verbindung mit dem Auge und der Funktion des Sehens betrachtet und dem Auge die Bedeutung einer erogenen Zone zuweist, bleibt seine Theorie in diesem Zusammenhang jedoch auf der frühkindlichen Ebene des Blickkontaktes bei der Mutter-Kind-Beziehung be-

[159] Hierzu vergl.: I. Wurmser, „Das Problem der Scham“ (1981) in: „Jahrbuch der Psychoanalyse“ 13, 11-36
Ders. „Die innere Grenze - Das Schamgefühl, ein Beitrag zur Über-Ich-Analyse“ (1985) in: „Jahrbuch der Psychoanalyse“ 17, 16-41
Ders. „Die schwere Last von tausend unbarmherzigen Augen - Zur Psychoanalyse der Scham und der Schamkonflikte“ (1986) in: „Forum der Psychoanalyse“ 2, 89-97

schränkt. Seine Scham -Theorie bezieht sich vorwiegend auf die Identitätsbildung beim kleinen Kind. Im Zusammenhang mit der Scham bleibt jedoch die phallische Phase, die zunehmende Bedeutung des Geschlechts, die dem Geschlechtsleben der Eltern zugewandte sexuelle Schaulust und Neugierde des Kindes bei seiner Theorie außer Acht. Die theoretischen Überlegungen Wurmsers haben, was die Scham anbelangt, jene Phase des Seelenlebens des 2-3monatigen Säuglings zum Thema - was er als Primärkonflikt bezeichnet -, die m.E. aus der Sicht der klassischen Theorie weit vor der Phase der Scham-Entwicklung zurückliegt.

Scham als „narzistische Wunde" als Folge der „Spanne zwischen Ich und Ichideal" bei der mit der „Kastration" gleichbedeutenden „Exhibition" vor dem „homosexuierten Doppelgänger"

Eine für die vorliegende Arbeit nützliche Theorie ist die Scham-Theorie von J. Chasseguet-Smirgel[160]. Für das Verständnis ihrer Auffassung von Scham ist jedoch das Eingehen auf ihre Konzeption vom Ichideal unverzichtbar, da sie die Scham als ein von der Spanne zwischen Ich und Ichideal stammendes Phänomen betrachtet.

Ausgehend von der Freudschen Konzeption der menschlichen „Hilflosigkeit"[161], die er seinerseits auf die verkürzte Intraturinexistenz des Menschen zurückführt, bzw. daraus das menschliche Bedürfnis, „geliebt zu werden", ableitet, betrachtet Ch.-Smirgel diese „Notwendigkeit" nicht nur wie Freud als den „Kern der Neurose", sondern noch mehr, als den der menschlichen Psyche überhaupt.

Als zweiter Ausgangspunkt ihrer Konzeption bringt Ch.-Smirgel die Freudsche Überlegung vom Ichideal als Erben des Narzißmus[162] und die von ihm anderswo[163] angestellte Überlegung, daß das Subjekt aufgrund der erwähnten Hilflosigkeit gezwungen ist, das „Nicht-Ich", „das Objekt", das mit seiner

---

[160]Hierzu vergl.: J. Chasseguet-Smirgel, „Das Ichideal - Psychoanalytischer Essay über die Krankheit der Identität" Paris (1975), 1981

[161]Hierzu vergl.: S. Freud, (1895)

[162]Hierzu vergl.: S. Freud, (1914)

[163]Hierzu vergl.: S. Freud, „Trieb und Triebschicksale" (1915)

verlorenen Allmacht besetzt wird, zu erkennen, zusammen. Sie betont, daß zum Zeitpunkt des Ödipus sich das Ichideal auf die väterliche Figur als seine „Identifikationsprojekt" beziehe.

Ch.-Smirgels Hauptgedanken beim Thema der Idealisierung des Vaters beziehen sich auf die Gedanken von J. McDougall[164] , auf das Problem des Geschlechtsunterschieds als des Erkennens der Realität. Die Realität des Geschlechtsunterschieds ist für den Knaben nach Ch.-Smirgel die, daß die Mutter nicht kastriert sei - und hier unterscheiden sich ihre Gedanken von den Freudschen über die „phallische Stufe"[165] -, sondern eine Vagina besitze, die der Penis des kleinen Knaben nicht ausfüllen könne und daß der Vater einen Penis und Vorrechte besitze, die für den Knaben nur theoretisch möglich seien. Nach Ch.-Smirgel verschleiere die Negation der Penislosigkeit der Mutter (phallische Mutter im Sinne Freuds) die Negation des Vorhandenseins der Vagina bei ihr. Sie meint, daß der Anblick des weiblichen Organs deshalb „traumatisierend" sei, weil er das männliche Kind mit seiner Unzulänglichkeit konfrontiere, weil er es zwinge, sein ödipales Scheitern anzuerkennen. Die Faktoren, die die Projektion des Ichideals auf den Vater begünstigen, so Ch.-Smirgel, helfen dem Knaben, seine Ängste vor dem penislosen weiblichen Organ zu bewältigen.

Wie es schon aus bisherigen Darlegungen deutlich geworden ist, vertritt Ch.-Smirgel im Gegensatz zu Freud die Ansicht, daß die Hindernisse ge-

[164]Hierzu vergl.: J. McDougall, „Le spectateur anonyme - Le complexe d'Œdipe et la strukture perverse" (1968) in: „Inconscient" 6, pp. 39-58
Ders. „Scéne primitive scénario pervers" (1972) in: „La sexualité perverse" Paris, Payot, pp. 51-69

[165]Die Freudsche Konzeption der phallischen Stufe findet sich in drei Arbeiten von ihm: „Die infanatile Genitalorganisation" (1923), „Der Untergang des Ödipuskomplexes" (1924), „Einige psychische Folgen des anatomischen Geschlechtsunterschieds" (1925). Allgemein ist zu dieser Konzeption zu bemerken, daß der Gegensatz männlich-weiblich sich erst in der Pubertät entwickelt, vor dieser Phase herrscht der Gegensatz phallisch-kastriert vor. Im Hinblick auf den Ödipuskomplex kommt der Existenz der phallischen Stufe eine wesentliche Rolle zu: der Untergang des Ödipuskomplexes ist beim Knaben durch die Kastrationsdrohung bedingt, in dieser Hinsicht bringt er seinem eigenen Penis narzißtische Interessen entgegen, es besteht eine phallische Organisation beim Mädchen. Die Feststellung des Geschlechtsunterschieds ruft bei ihm einen Penisneid hervor. Im Gegensatz zu Ch.-Smirgel geht Freud davon aus, daß keine Kenntnis der Vagina beim kleinen Mädchen wie beim kleinen Jungen besteht.

gen die Idealisierung des Vaters und gegen die väterliche Identifikation Fetischismus und Perversion hervorrufe. Auch beim Beispiel der künstlerischen Schöpfung (inautentische Kunst) geht es darum, zu zeigen, daß die Projektion des Ichideals mancher Künstler auf den Vater und seinen Penis nicht stattgefunden habe und so geschaffene Werke den Phallus symbolisierten. Nach Ch.-Smirgel erstreckt sich der primäre Narzißmus auf die Zeit, die jenseits der Geburt liegt. Sie meint, daß der Projektion des Ichideals auf den Vater der Wunsch der Urverschmelzung mit der Mutter zugrunde liege, d.h. die darauf beruhende verlorene Allmacht wiederzugewinnen. Das ist die Grundthese ihrer Konzeption des Ichideals. Die Errichtung des Über-Ichs als Erben des Ödipuskomplexes, nach dessen Untergang erst die Sublimierung einsetzt, kennzeichnet nach Ch.-Smirgel den Verzicht auf die Wiederbegegnung von Ich und Ichideal durch die genitale Vereinigung mit der Mutter.

Bezüglich des Zusammenhangs von "geliebt werden" mit dem narzißtischen Selbstwertgefühl bzw. mit der Verwicklichung des Ideals vertritt Ch.-Smirgel die Ansicht, daß die Regulierung unseres Selbstwertgefühls von den anderen abhänge. Diesbezüglich geht sie auf den Begriff der „sozialen Angst" von Freud[166] als Angst vor dem Liebesentzug ein. Nach Freud ist die Gesellschaft, die an die Stelle der Eltern getretene unbestimmte Menge der Genossen[167], der gegenüber die soziale Angst des Subjekts zur Geltung komme. Der Liebesentzug seitens der Gesellschaft vergrößert nach Ch.-Smirgel die narzißtische Wunde, die Kluft zwischen Ich und Ichideal. Ch.-Smirgel greift hier die wichtige These von Freud auf, nach der die Nichterfüllung des Ideals die homosexuelle Libido frei mache. Sie meint, daß der Liebesentzug seitens der Gesellschaft infolge der Nichterfüllung des Ideals geschehe und die homosexuelle Libido frei mache.

Als fünfte für ihre Scham-Theorie wichtige These vertritt Ch.-Smirgel, während sie die hier dargelegten Ansichten mit dem Scham- und Exhibitionsbegriff bei Freud[168] in Verbindung bringt, die Meinung, daß wir in narzißtisch unbefriedigenden Situationen fürchten, von unseren Mitmenschen gesehen zu werden. Diese Mitmenschen spielen nach ihr für die Beurteilung des Ichs die Rolle eines Spiegels. Warum wir diese Mitmenschen brauchen,

[166]Hierzu vergl.: S. Freud, (1929)
[167]Hierzu vergl.: S. Freud, „Zur Geschichte der psychoanalytischen Bewegung" (1914)
[168]Hierzu vergl.: S. Freud, „Drei Abhandlungen zur Sexualtheorie" (1905)

dazu meint Ch.-Smirgel von Freuds Gedanken ausgehend[169], daß wir praktisch keine Mittel haben, um die Realitätsprüfung an unserem psychischen Ich vorzunehmen.

Um zu zeigen, welche psychische Bedeutung diese Mitmenschen für uns haben bzw. welche Verbindung zwischen der von ihr dargestellten Bewertung des psychischen Ichs mit der Homosexualität bestehen, die nach ihr normalerweise mehr oder weniger vollkommen desexualisiert ist und die sozialen Triebregungen bildet, geht Ch.-Smirgel auf die Freudschen Gedanken beim Studium der Paranoia[170] ein, wo er die Rolle des auslösenden Faktors den "Demütigungen und sozialen Zurücksetzungen" zuschreibt. Freud stellt hier auch dar, daß das Individuum nach dem Autoerotismus und in Narzißmus sich selbst, seinen eigenen Körper zum Liebesobjekt nimmt, bevor es von diesem zur Objektwahl einer fremden Person übergeht. Die nächste Etappe wäre nach Freud die homosexuelle Objektwahl, d.h. die Wahl, bei dem anderen die Züge des Ichs zu finden und dann erst die Heterosexualität. Ausgehend von diesen Gedanken vertritt Ch.-Smirgel die Ansicht, daß unsere Wahrnehmung, wie uns unsere Mitmenschen, unsere narzißtischen, als homosexuierten Doppelgänger erfassen, uns erlaube, unser eigenes Ich zu beurteilen.

Bezugnehmend auf Freud[171] meint Ch.-Smirgel weiter, daß der Exhibitionismus (bzw. Voyeurismus) als Partialtrieb mit dem Narzißmus verbunden ist. Als Ziele dieses Triebes stellt sie das Sehen (aktiv) bzw. das Gesehenwerden (passiv) dar.

Um den theoretischen Unterschied von Freud und Ch.-Smirgel an dieser Stelle zu zeigen, will ich darauf hinweisen, daß Freud nicht den Exhibitionismus, sondern den Schautrieb als sexuellen Partialtrieb und in diesem Zusammenhang den Narzißmus als eine Entwicklungsstufe des Schautriebs festgestellt hat. Der Exhibitionismus steht hier in der Freudschen Terminologie in keiner Verbindung mit dem Begriff der Realitätsprüfung des Ichs. In Freudscher Auffassung exhibiert das Subjekt nicht deshalb, weil es sich im Sinne von Ch.-Smirgel beim homosexuierten Doppelgänger die narzißtische Befriedigung im Sinne einer Verringerung der Spanne zwischen Ich und Ichideal

[169] Hierzu vergl.: S. Freud, „Die Verneinug“ (1925)
[170] Hierzu vergl.: S. Freud, (1911)
[171] Hierzu vergl.: S. Freud, „Trieb und Triebschicksals“ (1915)

erhofft. Freud vertritt die Ansicht, daß der Schautrieb sich vor allem (ursprünglich) auf Genitalien richtet[172] oder, daß der Schautrieb als Schaulust und Neugierde dem Geschlechtsleben, besonders dem der Eltern zugewandt ist.[173]

Auch in diesem Zusammenhang stellt Freud fest[174], daß das Kind von den geliebten Personen verlangt, ihre Genitalien zu sehen. So verstanden, ist das Genital in Freudscher Auffassung das ursprüngliche Objekt des Schautriebes, das sich später jedoch auf den ganzen Körper überträgt.

Die Exhibition des Subjekts vor dem homosexuierten Doppelgänger, welcher die Rolle des Spiegels einnimmt, ruft, nach Ch.-Smirgel ein Schamgefühl hervor, wenn sie die erhoffte narzißtische Befriedigung nicht verschafft. Das Schamgefühl ist in dieser Hinsicht nicht nur mit der narzißtischen Kränkung, sondern auch mit der Resexualisierung der zielgehemmten Homosexualität verbunden. Die narzißtische Kränkung, die, wie oben ausgeführt wurde, aus der Nichtanerkennung durch andere hervorgeht, ist nach Ch.-Smirgel unmittelbar sexualisiert, d.h. mit einer genitalen Kastration gleichgesetzt, die erlebt werde, als ob sie eine passive Penetration zur Folge hätte.

---

[172]Über die Genitalien als ursprünliche Objekte der Scham bzw. des Schautriebes schreibt Freud in: „Eine Kindheitserinnerung Leonado da Vincis" (1910) folgendermaßen:

> *Für uns sind die Genitalien schon seit langen Reihen von Generationen die Pudenda, Gegenstände der Scham, und bei weiter gehender Sexualverdrängung sogar des Ekels.* S.166, G.W. VIII

[173]Über die Triebhaftigkeit der Schau äußert sich Freud in: „Wunscherfüllung" (1916-1917) folgendermaßen:

> *Das Neugierde richtet sich bei den Kindern regelmäßig auf das Sexualleben der Eltern, ist also eine infantile und soweit sie später noch vorhanden ist, eine Triebregung.* S.231, G.W. XI

[174]In „Massenpsychologie und Ich-Analyse" (1921) vertritt Freud die folgende Ansicht:

> *Das Kind verlangt von den geliebten Personen alle Zärtlichkeiten, küssen, berühren, beschauen, ist es neugierig, ihre Genitalien zu sehen.* S.154 G.W. XIII

Nach Ch.-Smirgel macht das Phänomen des Errötens bei der Scham auf das Vorhandensein einer sexuellen Phantasie aufmerksam, die aus dem Zusammenhang zwischen Erythrophobie und Paranoia bekannt ist. Die Angst des Subjekts, bei der nicht gelungenen Exhibition zu erröten, ist mit dem Aufkommen des analen Wunsches verbunden, vom Beobachter (Doppelgänger) so erraten und interpretiert zu werden, als ob es sich ihm passiv anböte. In diesem Zusammenhang heißt dies, daß das „Gesicht zu verlieren" die äußerste Angst gewisser Subjekte und mancher Kulturen (s.g. Scham-Kulturen) vor der Enthüllung der Rückseite, des Anus sei. Wer sich schämt, so Ch.-Smirgel, verberge sein Gesicht. So versuche er nicht nur, die Zeichen der Resexualisierung seiner analen homosexuellen Triebregungen (seine Röte) zu maskieren, sondern auch die Verschiebung von hinten nach vorne zu vollziehen, deren Objekt er sei. Deshalb müsse in den s.g. Kulturen der Scham eine Beziehung zwischen dem Schleiertragen, der Homosexulität und der Angst, das Gesicht zu verlieren, bestehen.

Vermag die Exhibition des Subjekts, die Spanne zwischen Ich und Ichideal zu verringern, nicht die narzißtische Befriedigung zu sichern, macht die Resexualisierung der zielgehemmten Homosexualität die narzißtische Wunde einer Kastration gleich und die Exhibition wird gleichbedeutend mit einer Zurschaustellung des Anus.

Der Begriff analer mit der Kastration gleichbedeutender Exhibition deutet in der Terminologie Ch.-Smirgels sowohl auf die bei ihr nicht klar ausgesprochene passive Penetration des beschämten Subjekts von der Seite des homosexuierten Doppelgängers, als auch auf die Enthüllung des analen Charakters des Phallus dieses Subjkets als „falschen" Penis hin. Die beiden Interpretationen deuten bei Ch.-Smirgel jedoch auf die Kastration des Genitals (als Mangel und Defekt), dessen Besitz, wie schon oben ausgeführt wurde, für die Erfüllung des Ideals notwendig wäre.

Die Zentralthese von Ch.-Smirgel, daß das Ichideal vor dem Ödipuskomplex als Erbe der primärnarzißtischen fusionären Allmacht fungiere, der während dieser Phase dann auf den Vater projiziert werde, wird von P. Zagermann[175] zurückgewiesen. Er will im Gegensatz zu Ch.-Smirgel zwischen der präödipalen Idealisierung (Ideal-Ich), die bloßen Lustcharakter habe und

[175] Hierzu vergl.: P. Zagermann, „Ich-Ideal Sublimierung Narzißmus" (1985)

dem Ich-Ideal als der mit den ödipalen Identifizierungen ausgebildeten und mit der Sublimierung einhergehenden Instanz unterscheiden. Er lehnt es ab, der Suche nach dem fusionären narzißtischen Zustand das hinter den Zielen des Ich-Ideals stehende Motiv zuzuschreiben, sondern will sie als Tendenz des maternalen Anteils des Ich-Ideals postulieren, genauso wie die grandios-megalomane Tendenz als den archaisch paternalen Anteil des Ich-Ideals.

Darüber hinaus betrachtet Zagermann die Verschmelzung mit dem Objekt als Gefahr der drohenden Ichauflösung verbunden mit der Ichangst, die er als Angst vor der verschlingenden Imago mit dem „traumatischen" Charakter bezeichnet. Die Ichangst hat nach Zagermann nach der Konstruktion der Vaterimago noch eine väterliche Komponente, die er als phallische Kastrationsangst mit dem Signalcharakter bezeichnet.

Da, im Sinne von Zagermann der Inzest mit der Mutter mit dem Ichzerfall und psychischen Tod identisch ist, entspricht die Auffassung des Ichideals von Ch.-Smirgel, die den Todestriebcharakter impliziert, nach Zagermann, seiner Definition des Todestriebs. So wäre die fusionäre Strebung kein regressiver Zug, der auf eine reale Erfahrung der primärnarzißtischen Einheit mit dem Objekt zurückginge, sondern ein autonomer Trieb.

Das Kriterium des funktionierenden Ichideals ist nach Zagermann nicht die narzißtische Wunde (Scham) im Sinne von Ch.-Smirgel als empfundene Kluft zwischen Ich und seinem Ideal, sondern eine „Sehnsucht", die sich unbewußt auf die Struktur des dem Ichideal zugrundeliegenden introjizierten Liebesobjekts bezieht.

3.1.2 Schlußfolgerung

Zum Schluß und anhand dieser theoretischen Erörterungen möchte ich mein Verständnis von Scham unter Berücksichtigung der ausgeführten Kritiken zusammenfassen. Wie ich schon zu zeigen versucht habe, sind viele dieser Theorien im allgemeinen aufgrund der Vernachlässigung des triebtheoretischen Aspekts bei der Scham-Betrachtung für mich nicht haltbar, obwohl sie teilweise auf neue weitere Aspekte der Scham aufmerksam gemacht haben. Diese Aspekte lassen sich gut in die klassische Theorie einfügen. Hinsichlich des triebtheoretischen Gesichtspunktes möchte ich, um einen Anhaltspunkt zu haben, am Schautrieb als erotischer Komponente, die sich während der psychosexuellen Entwicklung in der s.g. Genitalphase (phallischer Phase) unter das Primat der genitalen Sexualität stellt, bzw. als Partialtrieb im Sinne der klassischen Theorie der Psychoanalyse anzusetzen ist, festhalten.

Die Schaulust gilt als primäre Lust, die mit der Entwicklung der phallischen Phase dem Genital und dem sexuellen Leben der Eltern zugewandt ist. Als Objekt dieses Triebes gilt das Genital, das in der psychosexuellen Entwicklung unbewußt auf das Körper-Ich und das psychische Ich übertragen wird.

Der Voyeurismus und der Exhibitionismus sind die aktive und die passive Form dieser Triebregung. Das Aktivwerden des Schautriebes geht mit der Entdeckung des Geschlechtsunterschieds in der phallischen Phase einher. Das bloße Auge bzw. seine Funktion ist allein beim Schautrieb bzw. der Schaulust nicht entscheidend, sondern damit auch verbunden ist die genitale Entwicklung bzw. die Entdeckung des Geschlechts.

Die Scham ist eine Reaktionsbildung gegen diese verbotene Triebregung der Kindheit, die durch die Erziehung dem Kind auferlegt wird. Es ist weiterhin anzunehmen, daß die Scham in den Kulturen, bei denen die Geschlechtertrennung stark geprägt ist, eine sehr entscheidende Rolle in der psychosexuellen Entwicklung des Kindes spielt.

Die Reaktionsbildung Scham beruht ursprünglich auf der binären Beziehung zwischen dem Kind und den Eltern. Der Vater ist (für den Knaben) noch nicht zu dieser Zeit als Rivale anwesend. Die trianguläre Konstellation der ödipalen Phase beeinflußt jedoch durch die Rivalität des Knaben mit dem Vater für den Knaben die Scham-Entwicklung. Nach der ödipalen Phase tritt die Schamreaktion als Bestandteil des Über-Ich-Systems mit der Kastrationsangst auf.

Ausgehend von der Ch.-Simergelschen Theorie können wir jetzt sagen, wenn bei der Exhibition die narzißtische Anerkennung - im Sinne von P. Zagermann die „Sehnsucht“ - als Ziel angestrebt wird, und die nicht gelungene Exhibition die passive Penetration bzw. die Kastration für das Subjekt bedeutet, geschieht diese vor allem deshalb, weil der Penis bei der Exhibition im Vordergrund steht und unbewußt vom psychischen Ich oder Körper-Ich vertreten wird. **In diesem Sinn ist der Doppelgänger keine andere**

Person als die des Vaters, dem u.a. auch die homosexuelle Neigung des männlichen Subjekts zugewandt ist. Die Kastration seitens des Vaters (Doppelgängers) bedeutet für das männliche Subjekt die Nichtanerkennung seines Geschlechts, was gleichbedeutend ist mit seiner Penislosigkeit, die vom Mann als Verweiblichung phantasiert wird.

Die Exhibition des Subjekts vor dem Doppelgänger, der für es unbewußt den ödipalen Vater repräsentiert, bedeutet eine Rivalität mit dem Vater um die Mutter. Gelingt es ihm nicht, dem ödipalen Vater seinen Penis als Symbol dafür, die Mutter libidinös besetzen zu können, zu exhibieren, ist die Folge für das Subjekt die Scham und das Minderwertigkeitsgefühl.

Zum Schluß dieser Diskussion möchte ich nochmal betonen, daß der Unterschied von Scham, Schuld- und Minderwertigkeitsgefühlen vor allem darin besteht, daß die Scham im Gegensatz zu den beiden anderen Gefühlen aufgrund ihrer ursprünglichen Natur immer mit dem Sichtbarwerden des Subjekts für die anderen ausgelöst wird. Da die Scham jedoch die Kastration beinhaltet, kann sie ihrerseits Minderwertigkeitsgefühl auslösen.

3.2 Die Geschlechtertrennung als Grundpfeiler der islamischen Sozialisation

Das Hauptanliegen der s.g. primären Sozialisation in der schiitisch-iranischen Familie ist die Trennung der beiden Geschlechter. Sie läuft hauptsächlich darauf hinaus, die beiden Geschlechter möglichst getrennt voneinander aufzuziehen. Jede Berührung zwischen dem weiblichen und dem männlichen Geschlecht soll gemäß diesem Sozialisationsmodus stark tabuiert sein. Vor allem soll durch die islamische Bedeckung der Frau der visuelle Kontakt bzw. jede sexuelle Phantasie für den Mann vermieden werden. Für die islamische Frau ist ihre Bedeckung (*tschador*) ein Mittel, sich dem Beschauen durch einen fremden Mann zu entziehen. Die passive und zurückhaltende Rolle der islamischen Frau ist, vom psychoanalytischen Gesichtspunkt aus betrachtet, auf ihre Schamhaftigkeit zurückzuführen.

Das Verantwortungsbewußtsein des islamisch-iranischen Mannes für die Frauen seiner sozialen Umgebung (in erster Linie für die Ehefrau, aber auch für seine Tochter, Schwester und Mutter) rührt, vom psychoanalytischen Gesichtspunkt aus betrachtet, von einer **sozialen Angst**, von einer Angst vor der **Idealverletzung** bzw. der Resexualisierung der homosexuellen Libido und der Kastration, worauf ich noch ausführlich zurückkommen werde, her. Das Wort *ghejrat* deutet im persischen Sprachgebrauch auf das enthusiastische Männlichkeitsideal des iranischen Mannes hin und bezieht sich auf sein Verantwortungs- und Ehrgefühl in Bezug auf seine Frau. Sie darf von keinem fremden Mann sexuell berührt werden. Als erste sexuelle Berührung betrachtet man in der persisch-islamischen Kultur das Beschauen der Frau. Diese Art der sexuellen Berührung läßt sich, vom psychoanalytischen Gesichtspunkt aus betrachtet, auf die infantile Schaulust bzw. ihre auf der islamischen Erziehhung beruhende Gegenmacht, die Scham und das kulturelle Schauverbot zurückführen. In dieser Hinsicht bedeutet die Geschlechtertrennung und die Bedeckung der Frau, die ihre sexuelle Ausstrahlung verhindern muß, Sicherheit des Ehrgefühls für ihren Mann. Während das kleine Mädchen sehr früh vor allem zur Zurückhaltung, Schamhaftigkeit bzw. strengere Bedeckung des Körpers und als zukünftige Ehefrau und Mutter sozialisiert wird, ist die Sozialisation des kleinen Jungen unter – relativ gesehen – freieren Bedingungen als Aufgabe des Vaters noch stärker von der ödipalen Situation geprägt. Als kleiner Junge kann er sich auch bei der Frauen-Gesellschaft aufhalten, obwohl seine Erziehung die Aufgabe des Vaters ist, während der Zugang zur Männer-Gesellschaft für das Mädchen aufgrund der strengen Geschlechtertrennung verwehrt bleibt.

Die kulturelle Ordnung in der islamischen Gesellschaft beruht vor allem auf der extremen Geschlechtertrennung. Die Angst vor dem Kontrollverlust über die Frauen ist die wichtigste Angst vor der gesellschaftlichen und kulturellen Unordnung der schiitisch-iranischen Gesellschaft. Jede Lockerung in den Geschlechterverhältnissen der Gesellschaft, die nicht mehr durch den Familienvater kontrollierbar ist, wird von der schiitisch-iranischen Herrschaft als Prostitution und Dekadenz bekämpft. Der kulturelle Beweggrund der islamischen Revolution im Iran von 1979 war die Wiederherstellung der verlorenen Kontrolle über die neue, als bedrohlich empfundene Lage der Frauen, die kulturhistorisch infolge der Verwestlichung Irans bzw. des Kulturwandels[176] in diesem Jahrhundert im Iran entstanden war.

[176] Hierzu vergleich das zweite Kapitel der vorliegenden Arbeit

Es genügt hier ein Hinweis - denn ich komme an einer anderen Stelle auf diese Problematik zurück - darauf, daß die Angst vor dem Kontrollverlust über die Frauen auch eine ödipale Angst ist. Die islamische Geschlechtertrennung in ihrer extremen Form ist eine kulturelle Eigenheit des schiitischen Gläubigen, die Wiederherstellung (Inszenierung) der ödipalen Situation, in der die Rivalität mit dem Vater den Kastrationskonflikt auslöst, zu verhindern.

Die islamische Geschlechtertrennung beruht m.E., vom psychoanalytischen Gesichtspunkt aus betrachtet, primär auf dem Inzestverbot. In der persisch-islamischen Kultur kann man beobachten, daß das außerehliche Verhältnis zwischen Mann und Frau stark tabuisiert ist. Selbst die Ehe im Sinne von legaler sexueller Beziehung beschränkt sich auf den versteckten Rahmen des ehelichen Beischlafs. Die islamische Öffentlichkeit, wo sogar die Ehepartner zu einander die nötige Distanz halten, besteht aus **Brüdern (Söhnen)** und **Schwestern (Töchtern)** und aus den **Vätern** und den **Müttern**. Die Mitglieder der islamischen Gesellschaft verhalten sich gegenseitig in irgendeiner Form von verbotenen inzestuösen Beziehungen. Die Ehefrau des islamischen Bruders wird von dem schiitisch-iranischen Mann, damit dieser seinen sexuellen Wunsch ihr gegenüber tabuisiert, als Schwester betrachtet. Diese kulturell-religiöse „Verwandtschaft" der beiden islamischen Männer als Brüder bzw. die von dem Mann und der Ehefrau als Geschwister beruht vor allem auf dem Inzestverbot, das wahrscheinlich die Grundlage jeder menschlichen Kultur darstellt. Die der schiitisch-iranischen Kultur und speziell der islamischen Geschlechtertrennung zugrunde liegende Inzestvorstellung der Mitglieder verleiht dem Zusammenhalt der islamischen Gesellschaft den Verwandtschaftscharakter im Sinne von C. Lévi-Strauss. Er stellt fest:

> *damit es überhaupt eine Verwandtschaftsstruktur gibt, müssen drei Typen von Familienbeziehungen, die immer in der menschlichen Gesellschaft gegeben sind, zusammentreffen, das heißt: die der Blutverwandtschaft, der Ehe und der Abstammung; anders ausgedrückt, eine Verwandtschaft von verwandten Geschwistern, eine Verwandtschaft von Ehemann und Ehefrau, und eine von Eltern und Kind.*[177]

[177]C. Lévi-Strauss, „Strukturale Anthropologie I" 1971, S.61

Eine Verwandtschaft soll nach Lévi-Strauss vor allem in dem Bewußtsein von Menschen existieren, er schreibt:

> *Eine Verwandtschaft besteht nicht aus den objektiven Bindungen der Abstammung oder der Blutsverwandtschaft zwischen der Individuen; es besteht nur im Bewußtsein der Menschen, es ist ein willkürliches System von Vorstellungen, nicht die spontane Entwicklung einer faktischen Situation.*[178]

Die Zugehörigkeit zu einer und derselben Glaubensrichtung, zur Schia, ist m.E. die Grundlage für die Vorstellung des Verwandtschaftssystems der schiitisch-iranischen Bevölkerung.

Nach Lévi-Strauss ergibt sich der Charakter des Verwandtschaftselements aus der allgemeinen Existenz des Inzestverbots. Er meint dazu:

> *Der ursprüngliche und unreduzierbare Charakter des Verwandtschaftselements, wie wir es definiert haben, ergibt sich tatsächlich unmittelbar aus der allgemeinen Existenz des Inzestverbots. Dieses bedeutet, daß in der menschlichen Gesellschaft ein Mann eine Frau nur von einem anderen Mann erhalten kann, der sie ihm als Tochter oder als Schwester abtritt.*[179]

Und weiter kommt Lévi-Strauss zu der Auffassung,

> *daß in den meisten Verwandtschaftssytemen das anfängliche Fehlen des Gleichgewichts in einer gegebenen Generation zwischen dem, der eine Frau abtritt, und dem, der sie empfängt, nur ausgeglichen werden kann durch die Gegenleistung in späteren Generationen.*[180]

Das bedeutet, daß nach Lévi-Strauss in der menschlichen Gesellschaft die Männer die Frauen austauschen und nicht umgekehrt.[181]

---

[178] C. Lévi-Strauss, 1971, S.66
[179] C. Lévi-Strauss, 1971, S.61
[180] C. Lévi-Strauss, 1971, S.62
[181] Hierzu vergl.: C. Lévi-Strauss, 1971, S.62

Zusammenfassend und anhand der theoretischen Überlegungen von Lévi-Strauss können wir sagen, daß die islamische Geschlechtertrennung als Kulturgut vor allem auf dem Inzestverbot beruht und sozusagen ein Verwandtschaftssystem in der islamischen Kultur und Gesellschaft darstellt. Das Phänomen des Frauentauschs und die Idee der Verwandtschaft, welche nochmals von G. Devereux in „Ethnopsychoanalyse" als Thema aufgegriffen wird, wobei die Aspekte der Homosexualität, der Kastration und der Feminisierung des männlichen Subjekts psychoanalytisch hervorgehoben werden, erweitert unsere Sichtweise im Rahmen des psychologischen Bezugssytems über das Phänomen der islamischen Geschlechtertrennung, worauf ich noch ausführlicher eingehen werde.

Die Kastrationsangst spielt innerhalb der Inzestabwehr des schiitisch-iranischen Mannes eine zentrale Rolle. Sie zeigt sich vor allem bei dem Verschleierungsproblem der Frauen. Man intellektualisiert und begründet die Verschleierung der Frauen. Für die Rationalisierung und die Intellektualisierung dieser Abwehr gibt es im schiitischen Islam genug Gesetze, auf welche sich die schiitischen Dogmatiker in der Sache der Zwangsverschleierung der Frauen stützen können. Doch, um diese kulturelle Abwehr auch zeitgemäß und wissenschaftlich zu intellektualisieren, greift man auf eine Art neuer Sexualtheorie zurück. Der in Frankreich gebildete, islamische Exprominente Bani-Sadr rationalisierte seinerzeit in der Islamischen Republik die Zwangsverschleierung als Ausdruck der oben erwähnten Abwehr damit, daß die Frauenhaare „bestimmte Wellen ausstrahlen", die bei Männern „Erektion" auslösen würden. Seine intellektuelle Zustimmung für die Gewaltherrschaft der Islamischen Republik und ihrer Anhängerschaft gegen die Frauen begründete er damit, daß er der „sexuellen Anziehungskraft" der Frauen eine „Gewaltanwendung" gegen die Männer zuschrieb.[182] Sah Bani-Sadr

[182]A. Bani-Sadr, der Ex-Staatspräsident der islamischen Republik, äußerte zu den Widerstandskämpfen der Frauen gegen die Zwangsverschleierung im öffentlichen Dienst folgendes:

> *Die Frauenhaare strahlen bestimmte Wellen aus, die bei Männern Erektion auslösen. Warum besteht ihr darauf, als Sexbombe zu agieren? Die Verwestlichung steht im Gegensatz zu unserer göttlichen Gesellschaft. Ihr wollt mit Eurer sexuellen Anziehungskraft Euren Partner zum Erliegen bringen und tut ihm damit Gewalt.* (Zitiert bei „Autonome Iranische Frauenbewegung im Ausland", Deutsch-Iranisches Komitee, Sekt. Hannover, Juni 1982, S.8)

als Kulturträger und Apologet des islamisch-schiitischen Realitätsprinzips in der erotischen Anziehungskraft der Frauen die sexuelle „Gewalt“ gegen die Männer, welche er zu binden empfahl, ließ der iranische Lyriker Hafis seiner Zeit (1338-1413) als Kulturkritiker das Lustprinzip im Sinne Freuds[183] über das islamische Realitätsprinzip in der Phantasie triumphieren. In einem Gedicht beschreibt er die Erotik der Haare der Geliebten folgendermaßen:

Immerfort bin ich trunken vom Hauch
der deinen Locken entströmt,
allerzeit überwältigt mich dein Zauberblick.
Wenn du willst, daß sich die Welt in Nu
für immer zur Ordnung füge,
dann sage dem Westwind, daß er den Schleier
von deinem Angesicht nur flüchtig teile.
Und wenn du die Welt befreien willst
vom Lauf, dem sie beugen muß,
dann schüttele deine Locken,
daß jedes deiner Haare freigibt
seine tausend Untergebenen.
Ich und der Westwind, bettelnd,
zwei ziellos Umgetriebene,
vom Zauber deiner Augen ich,
er vom Duft deiner Locken!
Gepriesen sei Hafis Streben,
daß von dieser und jener Welt
nichts ihm gilt
als der Staub auf deiner Schwelle.[184]

Sowohl bei der Feststellung Bani-Sadrs über die sexuelle Anziehungskraft der Frauen als auch bei der dichterischen Phantasie von Hafis stellt man als Gemeinsames die omnipotente Imago der Frau als eines sexuellen Objekts fest: diese omnipotenete Vorstellung bei Bani-Sadr als „Gewalt“, als etwas „Zum Erliegen Bringendes“, bei Hafis als „Überwältigendes“, als „die

[183]Hierzu vergl.: S. Freud, „Der Humor“ (1927)
[184]Übertr. v. C. Atabay, „Hafis Liebesgedichte“, S.73, 1980

Welt vom üblichen Lauf Befreiendes". Als Unterschied der beiden Vorstellungen stellt man nur fest, daß man bei der ersten Ausage, dem islamischen Realitätsprinzip entsprechend diese **ichauflösende** Gefahr verbannen will, während bei der dichterischen Beschreibung dagegen das Lustprinzip die Oberhand gewonnen hat bzw. die symbiotische und ichaufhebende Macht in die Phantasie eingedrungen ist. In psychoanalytischer Betrachtungsweise und speziell sich auf P. Zagermann[185] beziehend, kann man hier die Ansicht vertreten, daß hinter dieser „verschlingenden" Imago der Frau (der präödipalen Mutter) der Todestrieb[186] steckt.

Um auf die Problematik der Geschlechtertrennung in der iranischen Gesellschaft zurückzukommen, möchte ich die Ansicht vertreten, daß das Ressentiment der schiitischen Anhänger gegen die im zwanzigsten Jahrhundert im Iran begonnene tendenzielle Lockerung der islamisch-traditionellen Geschlechtertrennung, das zur islamischen Revolution von 1979 geführt hat, eine Angst ist, die einen maternalen Aspekt als Angst vor der verschlingenden Imago und einen paternalen Aspekt als die Kastrationsangst im Sinne von Zagermann beinhaltet. Auf den zweiten Aspekt werde ich später ausführlicher eingehen.

Durch die Bedeckung der Frau soll die islamisch gerechtfertigte Geschlechtertrennung praktiziert werden. Das gilt umso mehr, da die Mitglieder der Gesellschaft sich gegenseitig, sozusagen als inzestiöse Familienmitglieder, als islamische „Brüder" und „Schwester" betrachten sollen. Es gehört eben zur Einhaltung der islamisch-kulturellen Ordnung, daß die Männer in der islamischen Gesellschaft nicht als Fremde und Rivalen gelten sollen, sondern als solidarische Brüder. Die fremde Frau soll hier nicht als sexuelles Objekt für den Mann betrachtet werden, sondern als Schwester oder Mutter.

Diese Inzestvorstellung entspricht einem unbewußten verinnerlichten Tabu im Sinne eines Über-Ich-Systems. Der sexuelle Wunsch gegenüber der s.g. Schwester bleibt für den schiitisch-iranischen Bruder vielmehr verdeckt, dessen Entdecktwerden von der islamischen Gemeinde, die im Sinne Freuds[187]

---

[185] Hierzu vergl.: P. Zagermann, (1985)

[186] An dieser Stelle möchte ich darauf hinweisen, daß die Theorie des Todestriebes in der Psychoanalyse als eine metapsychologische Annahme gilt, die klinisch nicht nachweisbar ist. Diese Theorie ist eine sehr umstrittene Annahme.

[187] Hierzu vergl.: S. Freud„Zur Geschichte der psychoanalytischen Bewegung" (1914)

an die Stelle der Eltern getreten ist, eine soziale Angst auslösen würde. Wie schon im zweiten Kapitel dieser Arbeit ausführlich dargestellt wurde, beruht die islamische Moral in diesem Zusammenhang auf den externalisierten Aspekten der Über-Ich-Bildung des schiitisch-iranischen Gläubigen. Das verinnerlichte Inzesttabu hat seinerseits Externalisierungstendenzen. Die partiell externalisierte Abwehr geschieht durch die islamische Geschlechtertrennung bzw. durch die Verschleierung der Frauen. Die soziale Angst richtet sich vor allem aufgrund der Dominanz der Abhängigkeit von der konkreten Autorität auf die psychische Repräsentanz der mit den externalisierten Aspekten des Über-Ichs investierten autoritären Persönlichkeit der Rechtsgelehrten der Schia-Religion. Aufgrund der Beobachtungsvorstellung des schiitischen Gläubigen bzw. seiner sozialen Angst gehören zum Wesen der islamischen Kultur und Moral versteckende Verhaltensweisen.

Aufgrund dieser sozialen Angst bzw. der Angst vor dem „Liebesentzug" der islamischen Gesellschaft darf die versteckte feindselige, auf dem Lustprinzip beruhende islamische Brüderrivalität nicht offen ausgetragen werden. Sie verwandelt sich, besonders aufgrund des kulturellen Schauverbots gegenüber den Frauen im Rahmen dieser Kultur zu einer ausgesprochen starken Neu- und Wißbegierde, die vornehmlich darauf zielt, die islamisch-moralischen Abweichungen der Schwester bzw. die Unfähigkeit und die sexuelle Schwäche der anderen Brüder (ihrer Männer) zu entdecken.

Zum Schluß dieses Abschnitts möchte ich noch, was die islamische Sozialisation und die Geschlechtertrennung anbelangt, zwei Punkte darstellen. Zum einen muß man davon ausgehen, daß die islamische Sozialisation aufgrund ihrer extremen Geschlechtertrennung die Wahrnehmung des Geschlechtsorgans und die Entdeckung des Geschlechtsunterschieds vor allem für das Mädchen erschwert. Die sexuelle Wißbegierde des kleinen Mädchen wird in der islamisch-traditionellen Familie von den Eltern stark behindert. Als gut erzogenes, aus islamischer Familie stammendes Mädchen gilt dasjenige, das bis zur Ehe nichts von der Sexualität versteht und sexuell nicht aufgeklärt ist. Die Jungfräulichkeit besitzt im Rahmen dieser Kultur einen überragenden Stellenwert. Die Frau bleibt bis zur Eheschließung Jungfrau. Dies bedeutet für den Ehemann die Sicherheit seiner Identität als Mann, da sie bis dahin von den anderen Brüdern unberührt gebleiben ist.

Zum anderen möchte ich an dieser Stelle auf die Bedeutung des Wortes "*aberu*", das in der persisch-islamischen Kultur und speziell im Zusammenhang mit der islamischen Geschlechtertrennung und Sozialisation eine zentrale Bedeutung hat, kurz eingehen. *Aberu* bedeutet das Ehrgefühl. Man redet von „*aberurizi*", der Entehrung, wenn dieses Gefühl verletzt ist. Für das Verlieren des *aberu* (der Gesichtsverlust im Sinne von Ch.-Smirgel) ist das Sichtbarwerden der verbotenen Tat bzw. eine Ahnung davon für die anderen, im Sinne von Ch.-Simirgel für den „Doppelgänger" entscheidend. Eine persisch-islamische Frau verliert ihr „*aberu*", wenn sie vor allem ohne islamische Bedeckung von einem fremden Mann gesehen wird. Ihr „*aberu*" ist abhängig von ihrer Schamhaftigkeit und Zurückhaltung. Ein islamischer Mann verliert vor allem sein *aberu* dadurch, daß seine Frau ohne islamische Bedeckung von fremden Männern gesehen wird. Sie verliert ihr *aberu*, da sie *ghejrat*, die Männlichkeitsidentität ihres Mannes durch die Zur-Schaustellung ihres Körpers in Frage stellt. Deshalb ist die Hauptaufgabe des schiitisch-iranischen Mannes in der Familie und der Gesellschaft, dafür zu sorgen, daß seine Ehefrau von der Männergesellschaft getrennt bleibt bzw. nicht als visuell-sexuelles Objekt der anderen Männer in Erscheinung tritt. Wie schon ersichtlich wurde, steht die Scham und das Minderwertigkeitsgefühl des islamisch-iranischen Mannes in enger Verbindung mit dem Sichtbarwerden seiner Frau als sexuelles Objekt für die anderen. Jede Vernachlässigung bei der Berücksichtigung der islamischen Bedeckung wird gleich mit der Exhibition interpretiert, die ihrerseits auf die Unfähigkeit und Schwäche des Ehemannes zurückgeführt wird. Die verbotene Exhibition der Frau, sich als sexuelles Objekt für den fremden Mann zur Schau zu stellen, wird im Rahmen der persisch-islamischen Kultur als verbotene Exhibition ihres Ehemannes angesehen. Dieser psychologische Sachverhalt bildet sich aufgrund der islamischen Sozialisation im Zusammenhang mit der Geschlechtertrennung bzw. aufgrund der bestimmten Konstellation der ödipalen Phase in der psychosexuellen Entwicklung des iranisch-islamischen Subjekts, worauf ich noch ausführlicher eingehen werde.

3.3 Islamische Schleiereinführung / ein kulturhistorischer Exkurs

Jedes Haar, das unter einem Kopftuch hervorschaut, ist eine Bedrohung für die Existenz der islamischen Republik.[188]

Die Bedeckung der Frau ist nicht nur eine Angelegenheit der islamischen Religionsstiftung. Es hat sie auch vor dem Islam gegeben. Der Schleier in der „durchsichtigen" Form gehörte z.B. auch zum Frauenkleid im Altiran vor dem Einbruch des Islam.[189] Auch im Judentum ist die Bedeckung ein älteres Phänomen. Man sagt sogar, daß der Islam diesen Gebrauch vom Judentum übernommen habe. Wie dem auch sei, allgemein ist die Ansicht zu vertreten, daß die Bedeckung der Frauen bzw. ihre Ausschließung vom öffentlichen Leben mit dem Ziel der Einschränkung der Sexualität mit der Entstehung und der Entwicklung der patriarchalischen Über-Ich-Kulturen und der Konzentration der väterlichen Macht in den jeweiligen Gesellschaften einhergeht.

Ein kulturhistorischer Rückblick in die Geschichte der Schleiereinführung im Islam zeigt, daß die Bedeckung der Frau ursprünglich eine religiöse Anordnung der Obrigkeit gewesen ist und diese Einschränkung der Sexualität mit der Ausbreitung und Erstarkung der politisch-religiösen Macht einherging. Nach dem, in Medina, dem ersten Stadtstaat des Islam, proklamierten Koranprinzip wurde den Frauen des Propheten Mohammad nach seinem Tode das Wiederheiraten generell untersagt, obwohl dies bei den Frauen anderer verstorbenen Muslime nicht der Fall ist. In der dreiunddreißigsten Sure, „Die Verbündeten" des Koran steht zu lesen:

> *(6) Der Prophet steht den Gläubigen näher als sie sich selber, und seine Gattinen sind ihre Mütter. ... (32) Weiber des Propheten sind nicht wie eins der anderen Weiber. ... (53) Und ihr (Gläubigen) dürft den Gesandten Gottes nicht belästigen und*

---

[188] Mit dieser Verkündigung füllten sich die Mauern der Hauptstadt Teheran zu der Anfangszeit der Zwangsverschleierung gleich nach dem Sieg der Revolution von 1979 im Iran. (Zitiert bei „Autonome Iranische Frauenbewegung im Ausland", Deutsch-Iranisches Komitee, Sekt. Hannover, Juni 1982)

[189] Hierzu vergl.: Dj. Khaleghi Motlagh, „Frauen im Schahname", S.213, 1971

seine Gattinen, wenn er (einmal) nicht mehr da ist, in alle Zukunft nicht heiraten. Das würde bei Gott schwer wiegen.[190]

Dies war, vom psychoanalytischen Gesichtspunkt aus betrachtet, die erste Inzestschranke gegen die Frauen des Vaters (Mohammad), die in der islamischen Kultur in ihrer Anfangsphase in Medina gesetzt wurde. Ebenfalls wurde seinerzeit das Beschauen der Frauen des Propheten den Muslimen verwehrt. W. Walther schreibt über die Frauen des Propheten, des Islam und die Anfänge der Verschleierung der Frauen :

Im Grunde gibt es für sie (die Verschleierung der Frau im Islam) im islamischen Gesetz keine bindende Vorschrift. In der 33. Sure des Korans, die aus der Zeit stammt, die Mohammad als angesehenes Oberhaupt der islamischen Gemeinde in Medina verbrachte, finden sich gewisse Sonderregelungen für soziale Stellung der Ehefrauen des Propheten; deren Zahl war inzwischen auf neun angewachsen. ... In der 33. Sure wird den Frauen Muhammads der Beiname „Mütter der Gläubigen" zugestanden. Es wird ihnen untersagt, sich nach dem Tode Muhammads wieder zu verheiraten. Hier heißt es auch: „Prophet! Sag deinen Gattinen und Töchtern und den Frauen der Gläubigen, sie sollen (wenn sie austreten) sich etwas von ihrem Gewand (über den Kopf) herunterziehen. So ist es am ehesten gewährleistet, daß sie (als ehrbare Frauen) erkannt und daraufhin nicht belästigt werden.[191]

In der vierundzwanzigsten Sure „Das Licht" heißt es:

Und sag den gläubigen Frauen, sie sollen (statt jemanden anzustarren, lieber) ihre Augen niederschlagen, und sie sollen darauf achten, daß ihre Scham bedeckt ist, den Schmuck, den sie (am Körper) tragen, nicht offen zeigen, soweit er (normalerweise) sichtbar ist, ihren Schal sich über den (vom Halsausschnitt nach vorne heruntertragenden) Schlitz (des Kleides) ziehen und den Schmuck, den sie (am Körper) tragen, niemandem offen zeigen,

[190] Koran, Übersetzung von Max Henning, 1981
[191] Wiebke Walther, „Frauen im Islam", S.59, 1980

außer ihrem Mann, ihrem Vater, ihrem Schwiegervater, ihren Söhnen, ihren Stiefsöhnen, ihren Brüdern, den Söhnen ihrer Brüder und ihrer Schwestern, ihren Frauen, ihren Sklavinnen...[192]

Nach Wiebke Walther steht fest:

daß vornehme Bürgerinnen der Handelsstadt Mekka auch schon in vorislamischer Zeit einen Schleier trugen.[193]

Dieser Anfang der Schleiereinführung im Islam bzw. der Absperrung der Frauen vom öffentlichen Leben erfuhr in späteren Zeiten, in der Zeit der Omayyadenherrschaft in Damaskus und zu der Zeit der Abbassiden in Baghdad, eine drastische Zuspitzung paralell zur kulturellen Entwicklung und zur Machterweiterung dieser beiden islamischen Dynastien. Das Leben der Frauen der Kalifen wurde völlig vom öffentlichen Leben abgeschnitten. Zum Harem (dem Frauenhof des Kalifen) hatten außer seinen Frauen nur der Kalif, die weiblichen Bediensteten und die Eunuchen Zugang. Die Vielweiberei der Kalifen bzw. das Hofleben für ihre Frauen war damals kein islamisches Phänomen, wie manche Kritiker des Islam mit Unrecht behaupten, sondern bestand schon vor dem Islam bei den iranischen Dynastien.[194] Neu war, daß mit der Islamisierung, die zugleich eine Kulturstiftung in Arabien darstellte, die Frau als Objekt der Sexualität aus der Öffentlichkeit und dem Kulturleben der Männergesellschaft verschwand. Vor dem Islam war das öffentliche Leben der Frau aufgrund der stammesgesellschaftlichen Strukturen bzw. der sozialen Lage nicht so sehr stark von dem des Mannes getrennt. Selbst zu Beginn des Islam fand noch eine Teilnahme der Frauen am öffentlichen Leben statt. Nawal el Saadawi beschreibt die Lage der Frauen in vorislamischer Stammesgesellschaft und in den Frühzeiten des Islam folgendermaßen:

Bei der Lektüre von Arbeiten über die vorislamische Zeit habe ich immer wieder mit Verblüffung feststellen können, daß in den frühen Stammesgesellschaften die Frauen offenbar eine führende Rolle spielten. So gab es eine Reihe weiblicher „Persönlichkeiten“

[192]Koran, 24.Sure „Das Licht“, Vers 31, Übersetzung von Max Henning, 1980
[193]W. Walther, S.41, 1980
[194]Hierzu vergl.: W. Walther, 1980

der Geschichte, und die Frauen nahmen ganz allgemein einen bedeutenden Platz im wirtschaftlichen und gesellschaftlichen Leben ein: besonders in der Literatur und in der Kunst - auch in der „Kunst der Liebe". Einige Frauen erwarben sich Ruhm, weil sie entscheidenden Anteil an politischen Auseinandersetzungen, an Kriegen und wichtigen Schlachten hatten. Bis zur Frühzeit des Islam, als Prophet Mohammad noch lebte, sind solche Fälle zu verzeichnen.[195]

Was einmal eine religiöse Anordnung und eine Elite-Kultur war, bezog sich allmählich auf die breite Basis des Islam, auf „*omat*". Dies geschah durch Gewalt von oben, aber auch durch die starke Identifikation , die schon im zweiten Kapitel dieser Arbeit dargestellt wurde, von unten. Die beiden erwähnten islamischen Dynastien trugen durch ihre große Herrschaft dazu bei, die islamische Kultur überall in ihren Herrschaftsgebieten und u.a. auch im Iran auszubreiten. Mit der Machtübernahme der Safawiden im 16. Jh. n.Chr. hatte sich im Iran nach dem Einbruch des Islam zum ersten Mal wieder ein iranisches Reich etabliert, das für die iranische Bevölkerung ein neues Identifikationsprojekt für die Assimilation der islamisch-schiitischen Kultur darstellte.[196] Auf die psychokulturellen Hintergründe der Aufnahme der Schia im Iran als kulturelle Größe, nämlich auf das Phänomen der „Vatertötung", des „Schuldgefühls" und der „Identifikation" in Bezug auf den „Kulturwandel" in der Safawiden-Epoche bin ich im zweiten Kapitel dieser Arbeit eingegangen. Ohne dies hier wiederholen zu wollen, möchte ich betonen, daß für die Aufnahme der Schia als Staatsreligion in der Safawiden-Epoche neben den anderen, sozialen, religiösen und politischen Bedingungen[197] auch eine

---

[195] Nawal el Saadawi, „Tschador Frauen im Islam", S.111, 1980

[196] Für manche Autoren geht die Gründung der Safawiden-Dynastie mit der Wiedergewinnung der nationalen Identität der iranischen Bevölkerung einher. Zu dieser Ansicht vergl.: I.P. Petrushewski, „eslam dar iran" (Islam im Iran) (pers.), Teheran, 1975

[197] Für manche Autoren stellt die Schia-Religion ein iranisches Phänomen dar. Dieser Ansicht ist jedoch entgegenzuhalten, daß sich die Schia historisch und religiös in ihrem Ursprung außerhalb Irans und aufgrund des Nachfolgerechts der Imame gebildet hat, obwohl ihre Aufnahme von den Iranern im 16. Jh. n.Chr. als Staatsreligion kulturell eine neue Epoche in der iranischen Geschichte darstellt.
Ali Mirfetros hält in seinem Buch „eslamschenasi" (Islamologie) (pers.), Teheran, 1979, den Schiismus für ein iranisches Phänomen. Diese Ansicht ist m.E. aus dem erwähnten Grund nicht gerechtfertigt.

psychologische Bedingung bestand und ein monokausaler Zusammenhang in dieser Hinsicht nicht zu vertreten ist.

Der schiitische Klerus erhielt in der Epoche der Safawiden die größte Möglichkeit , sich zu organisieren, seine Macht auszubreiten und den schiitischen Glauben zu verbreiten. Von dieser Zeit bis zur Entstehung des modernen Staates, der Pahlawi-Dynastie, in der sie von der politischen Macht verdrängt wurde, hatte die schiitische Führung im Iran - mal stärker und mal schwächer - stets die Macht und konnte die iranische Kultur stark mitprägen. Nicht nur die Entstehung und Entwicklung der großen Städte, des Basars, der Moscheen und der Safavidschen Architektur und das Aufkommen der traditionell-schiitischen städtischen Händler und Kleinhändler und Handwerker gehörte zu dieser Epoche, sondern, was die Geschlechterverhältnisse anbelangt, auch die schiitisch-iranische Geschlechtertrennung bzw. die neue Form der Bedeckung der Frau und ihr Aussperren aus dem öffentlichen Leben in „*andarun*", in den Hintergrund des Hauses.

Mit der Verwestlichung Irans drang Ende des neunzehnten und Anfang des zwanzigsten Jahrhunderts ein neues Element in die persische Kultur ein. Die neue kulturelle Errungenschaft des zwanzigsten Jahrhunderts infolge des Kulturwandels und der Verwestlichung war in wesentlicher Hinsicht die Verminderung der eklatanten kulturellen, sozialen und politischen Differenzen zwischen den beiden Geschlechtern und die Entmachtung der Geistlichkeit, wodurch sich die schiitisch-traditionelle Bevölkerungsschicht Irans und die schiitische Führung erniedrigt fühlten.

Mit dem unverhüllten Auftreten der Frauen in der Öffentlichkeit war ein entscheidendes Verbot des schiitischen Über-Ich-Systems durchbrochen, was Angst hervorgerufen hat. Obwohl bis zur islamischen Revolution von 1979 die Zahl der unverschleierten westlich orientierten Frauen im Iran geringer war als die Zahl der verschleierten traditionellen Frauen, war die herrschende Kultur - unterstützt von der herrschenden Politik, insbesonders im öffentlichen Leben der großen Städte - die s.g. westliche Kultur, die u.a. darauf hinauslief, die Frauen vom „*Tschador*", dem Schleier, zu befreien. Dieser Trend löste beim islamischen Mann die Angst aus, daß seine Frau davon erfaßt werden könnte. Die Reaktion auf diese Angst, auf die ich noch eingehen werde, bzw. auf die unislamische Unordnung war ein Aspekt der Revolution von 1979.

Aus den oben angeführten Darlegungen geht hervor, daß zu den Besonderheiten der persisch-islamischen Kultur zwei Hauptaspekte gehören; die Geschlechtertrennung in der extremen Form der schiitisch-iranischen Bedeckung der Frau einerseits und die Abhängigkeit von einem überstarken Vater, der als externalisiertes Über-Ich funktioniert und über alle Bereiche des Lebens in der Familie und in der Gesellschaft zu bestimmen hat, andererseits. Diese beiden Momente bestimmten traditionell die Sozialisation in der islamisch-iranischen Familie.

3.3.1 Die Bedeckung der Frau als „*namus*" (Geheimnis) des Mannes

Nacktheit ist ohne Zweifel die Krankheit unserer Tage und dies wird früher oder später zur Einführung kommen.[198]

Nachdem ich den Ursprung der Schleiereinführung im Islam und ihre kulturhistorische Rolle bei der Geschlechtertrennung in der schiitisch-islamischen Kultur dargestellt habe, möchte ich jetzt auf die Bedeutung der Bedeckung bei den beiden Geschlechtern bzw. auf ihre gegenwärtige funktional-kulturelle Bedeutung eingehen. Der schiitisch-islamische Denker M. Motahari gibt uns, was die Bedeckung der Frau im Islam angeht, eine islamisch-kulturelle Erklärung, nach der die Öffentlichkeit - im Sinne der psychoanalytischen Kulturtheorie - für die Arbeit und sozialen Aktivitäten gegen die gefährdende Sexualität geschützt bleiben soll. Er schreibt über das Thema „*hijab*" (Schleier / Vorhang) folgendermaßen:

> *Die Bedeckung* „hijab" *der Frau meint, daß Frauen in ihrem Umgang mit den Männern sich selbst bedecken und sich den Männern nicht zur Schau stellen sollten. Die Bedeckung im Islam hat eine generelle und fundamentale Grundlage, nämlich die, daß alle sexuellen Leidenschaften und fleischlichen Genüsse nur auf den Kreis der Familie und den Rahmen der legalen Ehe beschränkt*

[198] M. Motahari, „Das Thema *hijab*" (Bedeckung), Islamische Republik Iran, Führungsministerium, Seminar für die Renaissance des islamischen Denkens, 1982

bleiben müßten, so daß die Gesellschaft für die Arbeit und die sozialen Aktivitäten rein erhalten bleibt.[199]

War noch im zwanzigsten Jahrhundert und zwar bis 1979, während der Epoche, in der sich die schiitisch-iranische Kultur aufgrund des schon erwähnten Kulturwandels als defensive Kultur bedroht fühlte, die kulturelle Kompensation für die Unterdrückung der Sexualität, im Sinne der Sublimierung oder vielleicht auch der Ersatzbildung im Sinne von A. Mitscherlich[200], durch das große religiös-kulturelle Angebot an Trauer noch möglich, erhöhte die zunehmende Angst vor der Sexualität und der „Nacktheit" der Frau in den Siebziger-Jahren die aggressive Spannung.

Die islamische Gesellschaft nach 1979 agierte überwiegend destruktiv, da sie auf der Grundlage der Erlösungsreligion der Schia alle nicht islamischen, politischen und kulturellen Hindernisse aus dem Weg räumen wollte, die einer Islamisierung im Wege standen. Der schiitische Anhänger glaubte, daß, was er anrichte, islamisch gerechtfertigt, von Gott, dem Islam, dem verborgenen Imam und schließlich von seinen anwesenden Stellvertretern gebilligt, deshalb gerecht sei, so daß der letzte Sieg dem Islam gehören werde, auf dessen Seite er stehe. Gab es aus dem politischen, religiösen oder sonst einem Grund einen Anlaß für die schiitische Anhängerschaft, ihre Destruktion für die Realisierung dieser Ziele zur Verfügung zu stellen, legte der als externali-

---

[199] M. Motahari, 1982

[200] Bei der Trauer (um den Märtyrer-Imam Hosein) in der schiitisch-iranischen Kultur kann man, aufgrund dessen, was im zweiten Kapitel dieser Arbeit diesbezüglich dargestellt wurde, eher von einer Symptombildung sprechen als von einer Sublimierung. Da jedoch die Trauer ein Massen-Phänomen darstellt, ist es angebracht, A.Mitscherlich zufolge, hier anstatt von Symptombildung von der Ersatzbefriedigung zu sprechen. Über den Unterschied von der Symptombildung und der Ersatzbefriedigung schreibt er:

> *In der Psychopathologie des Einzelnen nennen wir das Ereignis beim Vorgang des Scheiterns der Verdrängung „Symptombildung": in der Psychopathologie der Kollektivitäten hätte man analog von Ersatzbildung der Massen zu sprechen.* („Massenpsychologie ohne Ressentiment", S.26, 1972)

Da die schiitische Trauer keine Vollendung der Trauerarbeit im psychoanalytischen Sinn (S. Freud, „Trauer und Melancholie" 1917) kennt, weshalb „das Ich wieder frei und ungehemmt" werde - sie unterliegt dem Wiederholungszwang und ihr Angebot an Befriedigung ist nur momentan -, ist sie m.E. eine Ersatzbefriedigung.

siertes Über-Ich fungierende Führer dies als islamisches Angriffsziel aus und gab der Aggression der schiitischen Masse freie Bahn.

Sei es gegen den „großen Satan“, die USA, und durch die Botschaftbesetzung, sei es durch den langjährigen Krieg gegen das „zionistische gottlose“ Regime des Irak, sei es durch Verfolgung und Ermordung von Oppositionellen als „*mofsed-al-filarz*“ (Verbrecher auf Erden) oder sei es durch den Versuch, aus der „Rushdie-Affäre“ eine islamische Weltmobilmachung zu organisieren, es geht radikalen schiitischen Anhängern, die ihrem Führer folgen, darum, alle nichtislamischen kulturellen Errungenschaften, die die Geschlechterverhältnisse freier gestalten bzw. die islamische Sexualmoral beeinträchtigen, zu vernichten, weil sie sich neben anderen komplexen Motiven politischer und religiöser Machterhaltung auch von der „Nacktheit“ der Frau als Symbol freier Sexualität bedroht fühlen.

Der religiöse und politische Fanatismus, der bei dem speziellen historischen Hintergrund durch die Führer entfacht werden konnte, brachte die schiitische Anhängerschaft dazu, statt eine lebenswerte Gesellschaft aufzubauen, destruktiven Zielen zu folgen. Die Schlüsselrolle beim Aufbau einer solchen Gesellschaft im Iran scheint mir, vom psychologischen Gesichtspunkt aus betrachtet, die Befreiung von der zu großen Bindung an den Führer zu spielen. Von der heutigen Situation der iranischen Gesellschaft ausgehend kann man prognostizieren, daß der Verlust (Tod) des Ayatollah Khomeini aufgrund seiner bedeutenden psychischen bzw. seiner historisch nicht ersetzbaren Rolle für die schiitische Masse im Gegensatz zur Meinung mancher Experten, wie z.B. Peter Scholl-Latour, die Spaltung und die Zersplitterung der Masse bzw. unvermeidbare Machtkämpfe der Nachfolge innerhalb der islamischen Republik hervorrufen wird, die die Existenz der islamischen Republik und ihre „Stabilität“ in ernsthafte Gefahr bringen kann. Eine islamische Republik ohne ihren „Begründer“ kann nur sehr schwer andauern. Die große Enttäuschung gegenüber dem islamischen Staat aufgrund seiner politisch-ökonomischen Mißerfolge, die zunehmend bei der Bevölkerung und der schiitischen Anhängerschaft spürbar ist, kann m.E. der erste Schritt zu dieser Befreiung werden.

Um auf die Bedeckung der Frau zurückzukommen, vergegenwärtigen wir sie uns bei der religiösen Aufgabe, dem Gebet als Fundament des Islam. Das „*schariat*“ Gesetz der Schia bzw. sein anwesender Vertreter A. Khomeini als zweitrangiger Erbe und Bevollmächtigter des Propheten Mohammad schreibt in seiner „*resale*" Doktrin vor, daß der Mann, auch wenn niemand ihn sieht, sein Geschlechtsorgan bedecken müsse, während die Frau ihren ganzen Körper, vom Kopf bis zu den Fersen zu bedecken habe.[201] In einer Notsituation, in der der Mensch nichts zum Bedecken habe, solle er beim Beten sein Geschlechtsorgan mit den Händen bedecken.[202]

Daß die Bedeckung des Körpers bei der Frau sowie beim Mann auf das Geschlechtsorgan zurückgeht bzw. die Bedeckung des Geschlechtsorgans sich auf den ganzen Körper - bei der Frau extremer als beim Mann - überträgt, ist der islamisch-schiitischen Bedeckungsvorschrift zu entnehmen. Allerdings bezieht sich die Bedeckung bei der Frau auf den ganzen Körper, den Kopf und die Haare, während sie beim Mann den Kopf und die Haare nicht mit einschließt. Wenn man sich noch vergegenwärtigt, daß die Bedeckung bei den Frauen in ihrem kulturhistorischen Ursprung den Sinn hatte, daß die Frauen der Kalifen in der Öffentlichkeit unbekannt bleiben sollten, wird es evident, daß die Frau in der Öffentlichkeit durch die Bedeckung möglichst unbekannt bleiben soll. Nicht nur der Körper, der Kopf und die Haare als sexuelle Reizquellen für den Mann sollen bei der Frau bedeckt werden, sondern damit auch ihre Identität. Mohammad Bagher Madjlesi, der berühmte schiitisch-iranische Geistliche, schreibt in dieser Hinsicht sogar vor, daß die Stimme der Frau für den fremden Mann unerkannt bleiben soll. Die Frau solle ihren Finger in den Mund stecken, wenn sie Fremden hinter der Haustür, der ihren Mann besuchen will, während er gerade nicht zu Hause sei, diesbezüglich Bescheid sagen müsse.[203]

Im Zusammenhang mit der Bedeckung der Frau als Verstecken ihrer Identität vor fremden Männern bzw. in Bezug auf die Relevanz der Bedeckung der Frau für den Mann möchte ich an dieser Stelle auf die Bedeutung des „*namus*" im persischen Sprachgebrauch eingehen. Die Frau gilt in der schiitisch-iranischen Kultur als *namus* des Ehemannes. Der in der schiitisch-iranischen Kultur wichtige - etymologisch vom Arabischen und Griechischen abstammende - Begriff „*namus*" bedeutet ursprünglich Geheimnis. Er stellt im

[201]Hierzu vergl.: A. Khomeini, „*touzih-ul-masael*" (Erklärung der Probleme) (pers.), Problem-Nr.: 788, Qom, 1964

[202]Hierzu vergl.: A. Khomeini, Problem-Nr.: 789, 795, 797, Qom, 1964

[203]Hierzu vergl.: Mollah Mohammad Bagher Madjlesi, „*heliiat al-motaghin*" (Ausschmückung der Frommen) (pers.), zitiert bei S. Schafa, 1983

persischen Sprachgebrauch eine allgemeine Benennung für die Ehefrau dar, deren Bedeckung die Sicherheit des narzißtischen Ehrgefühls des Ehemannes garantiert. Aus diesem Zusammenhang geht dann hevor, daß die Ehefrau als *„namus“* bezeichnet wird, da sie als Geheimnis des Ehemannes betrachtet wird. Man könnte diesen psychologischen Sachverhalt im Sinne des „Doppelgängers“ von Ch.-Smirgel so interpretieren, daß der schiitisch-iranische Mann durch *„namus“* das Verstecken seiner Frau (Schwester, Tochter, Mutter) den anderen gegenüber einen Teil von sich verstecken will, der in unangemessenem Sichtbarwerden seiner Frau für die anderen sichtbar wird.

Die Frau offenbart durch ihren unangemessenen Auftritt in der Öffentlichkeit, was der verbotenen Exhibition des Ehemannes gleichkommt, sein Geheimnis. Diese verbotene Exhibition wäre dann wahrscheinlich auf bestimmte strenge Sozialisation des schiitisch-iranischen Gläubigen bzw. auf die bestimmte konflikthafte Phase seiner Kindheit zurückzuführen. Der Schleier als Mittel für die Geheimhaltung dieses psychologischen Sachverhalts, worauf ich in dem nächsten Teil dieses Kapitels eingehen werde, dient, vom psychologischen Gesichtspunkt aus betrachtet, als Abwehr gegen den Einbruch dieses Konflikts ins Bewußtsein.

Eine allgemeine Suche nach einer Identität, einer iranisch-islamischen Identität, und die Abwehr einer durch den Einbruch der westlichen Kultur bedingten Identitätsdiffusion dürfte ein wesentliches sozialpsychologisches Motiv der islamischen Revolution von 1979 im Iran gewesen sein, wobei die verschiedenen Bedingungen politischer, ökonomischer und sozialer Art bei dem Entstehungszusammenhang dieser Revolution im soziologischen Bezugsrahmen ebenfalls in Betracht gezogen werden müssen. Als islamisch-iranische Identität des männlichen Subjekts wurde jedoch - wie dies aus den bisherigen Ausführungen der vorliegenden Arbeit zu entnehmen ist - vor allem die **Geschlechtsidentität** des Mannes durch die „Nacktheit“ der Frau bedroht. *„Mobarese ba fahscha“*, die Bekämpfung der Prostitution im Sinne der Zwangsverschleierung der Frauen ist in der islamischen Revolution eines der wichtigsten Ziele der Revolution, das die männliche Identität wieder stabilisieren soll.

In diesem Zusammenhang möchte ich ebenfalls die falsche Interpretation, daß die Zwangsverschleierung der Frauen schon am Anfang des islamischen Aufstandes von 1978 „nur politisches Symbol im Kampf gegen den Imperialismus" gewesen wäre, als ideologische Rationalisierung der Identifikation mit dem mächtigen islamischen Aufstand seitens der nichtislamischen Intellektuellen Irans zurückweisen. Bei dem algerischen Kampf gegen die französische Kolonialmacht stellte Franz Fanon[204] fest, daß der Schleier der Frauen als politisches Symbol der national-religiösen Selbstbestimmung und Selbstbehauptung gelte. Obgleich diese Ansicht dem eigentlichen Motiv des Schleiertragens der Frauen bei der algerischen Revolution entspricht, was hier nicht zur Diskusion steht, ist ihre Übertragung auf iranische Verhältnisse gleichsam die Vernachlässigung der psychokulturellen Bedeutung der islamischen Revolution im Iran. Die Praxis der bis jetzt zehnjährigen Geschichte der islamischen Republik zeigt, daß die Zwangsverschleierung der Frauen im Iran als wichtigstes Ziel aufgrund der bestimmten psychosexuellen Entwicklung der schiitisch-iranischen Anhänger der Revolution die Geschlechtertrennung in ihrer schiitisch-iranischen traditionellen Form durchsetzen will. Wenn auch einige iranische Frauen mit nichtislamischer Einstellung während der großen Massenbewegung im Iran aus bestimmten politischen Gründen und aufgrund der Identifikation.mit der Masse den schwarzen „*tschador*" Schleier überzogen, ändert dies nichts an der Tatsache, daß diese Bewegung eine kulturelle Reaktion auf den Kulturwandel des zwanzigsten Jahrhunderts im Iran war, die die Islamisierung im Sinne von Zwangsverschleierung und Geschlechtertrennung zum Ziel hatte. Die Bedeckung der Frau blieb nicht auf politisch-mobilisatorischer Ebene gegen den Schah und die USA beschränkt, sie wurde in der islamischen Republik gesetzlich verankert und praktisch durch die Kontrolle der entsprechenden Staatsorgane durchgesetzt, so daß sich die nichtislamisch- bzw. „schlechtbedeckte" Frau in der Öffentlichkeit strafbar macht.[205]

---

[204]Hierzu vergl.: F. Fanon, „Aspekte der algerischen Revolution", 1969

[205]Libération vom 18.04.1983 berichtet über die Zwangsverschleierung der Frauen in der islamischen Republik folgendermaßen:

> *Die Frauen in Iran, die das Tragen der islamischen Kleidung auf der Straße nicht respektieren, werden nach einem Rundschreiben des Obersten Justizrats, das Freitag veröffentlicht wurde, mit 1 Monat bis 1 Jahr Gefängnis bestraft werden. ... Die „islamische Kleidung", die alle Frauen in Iran ohne Unterschied von Religion oder Nationalität tragen müssen, umfasst ein Kopftuch, das die Haare abdeckt, weite Kleidung, die die Figur nicht betont, lange Ärmel und nicht durchsichtige Strümpfe. ... Zahlreiche Frauen sind vor Gericht zitiert worden, manche wurden sogar ins Evin-Gefängnis gebracht.*

3.4 Die Scham bei der schiitisch-iranischen Frau und dem schiitisch-iranischen Mann

Wir haben im theoretischen Teil dieses Kapitels gesehen, daß die Schamentstehung in der phallischen Phase, später in ihrer Entwicklung und zwar nach der Über-Ich-Bildung einen paternalen Aspekt bekommt, so daß die Schamreaktion das Minderwertigkeitsgefühl auslöst.

Andererseits kann man, ausgehend von der in der ersten Linie auf der extremen Geschlechtertrennung beruhenden psychosexuellen Entwicklung des schiitisch-iranischen Subjekts, die Ansicht vertreten, daß die psychosexu-

---

Keyhan (die persische Tageszeitung) verkündet im Herbst 1980 das vorgeschriebene islamische Kleid für die Schülerinen:

> *Die Direktion aller Lehr- und Erziehungsanstalten von Teheran hat das Modell der Kleidung vorgeschrieben, die alle Unterricht genießenden Töchter im kommenden Jahr zu tragen haben. Sogar die fünf zulässigen Farben wurden festgestelt.* (Zu dem Modell der Schulkleidung für die Schülerinen vergleich die abgebildete islamische Kleidung im Bericht von Liberation von 18.04.1983)

Über die Lage der Frauen in der iranischen Öffentlichkeit heißt es in „Courage 4/1982":

> *Iran: Offener Brief aus dem Untergrund*
> *Es begann mit der Zwangsverschleierung der weiblichen Angestellten. Nun ist das Betreten von Geschäften, Krankenhäusern und Restaurants ohne Kopftuch verboten. So sind Frauen ohne Kopftuch auf den Straßen selten geworden und fallen auf. Diese sind Bedrohungen und Beschimpfungen ausgesetzt. Auf den Straßenwänden ist zu lesen: „Meine Schwester, dein Schleier erschreckt den Feind mehr, als mein Blut es vermag!" "Unverschleierte Frauen sind Huren" „Tod den unverschleierten Frauen"*

Tageszeitung (TAZ) vom 26.10.1981 berichtet:

> *Opfer des Terrors kann jeder werden*
> *An einem heißen Nachmittag Mitte August fährt ein 11-jähriges Mädchen in kurzer Hose auf der Straße Fahrrad. Sie wird verhaftet und mit der Mutter zum Komitee gebracht. Das Mädchen wird zu 60 Peitschenhieben verurteilt. Die Mutter fleht darum, wenigstens 30 Schläge übernehmen zu können, da sie fürchtet, ihr Kind werde die Strafe nicht aushalten. Ihr Ersuchen wird abgelehnt und die Strafe vollstreckt. Beim vierzigsten Peitschenhieb ist das Mädchen tot.*

elle Enwicklung des kleinen Mädchens aufgrund dieser Geschlechtertrennung, die die primäre Sozialisation in der islamischen Familie bestimmt - was die Scham-Entwicklung anbelangt -, eine andere ist als die des kleinen Jungen. Die psychosexuelle Entwicklung des kleinen Mädchens ist in der islamischen Familie aufgrund der starken untergeordneten Rolle der Frau bzw. Trennung vom Vater und einer im Vergleich zu dem kleinen Jungen schwach geprägten Idealbildung, was die Scham-Entwicklung anbelangt, sehr stark von dem prägenitalen Aspekt der Scham bestimmt, während die Scham-Entwicklung beim kleinen Jungen aufgrund der sozialen Rolle des Mannes in der islamischen Gesellschaft bzw. starken Idealbildung, die die Folge der starken Idealisierung des Vaters seitens des Jungen ist, sehr stark vom paternalen Aspekt der Scham geprägt ist.

Die Reaktion der islamischen Frau im Falle des Sichtbarwerdens eines im islamischen Prinzip zu bedeckenden Körperteils, z.B. der Haare, ist die Scham, die in ihr, deren Gesicht nun errötet, den Wunsch hervorruft, in einem Mauseloch verschwinden zu können - im persischen Sprachgebrauch würde eine Frau in solcher Situation sagen, „ich wünschte, ich verschmölze und flösse in den Erdboden hinein" -, während der islamische Mann sich für den nicht hinreichend bedeckten Auftritt seiner Frau in der Öffentlichkeit und vor den fremden Männern schämt. Die Scham ist bei der islamischen Frau überwiegend eine präödipale Reaktionsbildung, ohne das Minderwertigkeitsgefühl auszulösen, während die Schamreaktion bei dem islamischen Mann oft mit dem Minderwertigkeitsgefühl, mit Wut und Aggression einhergeht.

Um das eventuell aus der obigen Diskussion zu entnehmende Mißverständnis, daß die Schamreaktion bei der islamischen Frau nicht dem Über-Ich-System integriert wäre, zu vermeiden, möchte ich hier erwähnen, daß die Scham bei der islamischen Frau als Reaktionsbildung dem Über-Ich-System integriert ist, d.h. ihren Verbotscharakter und ihre islamische Rationalisierung aus diesem System bezieht. Sie ist jedoch bei der islamischen Frau im Gegensatz zu dem islamischen Mann nicht mit der Idealverletzung verbunden. Zur Besonderheit der Schamreaktion bei dem islamischen Mann gehört, daß sie die aufgrund der darauf folgenden Idealverletzung und speziell, wo das bestimmte Bild bzw. die schiitisch-iranische Identität vom Mannsein infolge der Schamreaktion zerstört wird, durch den Bruch des Abwehr-Systems die Konflikte der ödipalen Situation ins Gedächtnis ruft.

3.5 Die Schaulust, Voyeurismus / Exhibitionismus des schiitisch-iranischen Mannes

Der stark verpönte Partialtrieb des Schauens beim schiitisch-iranischen Mann äußert sich weniger sublimiert als vielmehr neurotisch und - vom westlichen Kulturgesichtspunkt aus betrachtet - pervers, d.h. vom Gesichtspunkt der Psychoanalyse betrachtet, nicht als unter dem Primat der genitalen Sexualität stehender Partialtrieb, sondern als Voyeurismus oder Exhibitionismus. Während der schiitisch-iranische Mann sich als Kulturträger im Sinne Freuds[206] adäquat dem schiitisch-iranischen Realitätsprinzip als guter frommer, gegenüber der fremden (unehelichen) Frau sexuell enthaltsamer Muslim vor seinen islamischen Glaubenbrüdern darstellt - vom kulturhistorischen Standpunkt aus bezeichnet man diese Exhibition im persischen Sprachgebrauch als „*rija*“ (Heuchelei, verstellte und falsche Verhaltensweise) und “*tazwir*“ (List)[207] -, richtet sich seine durch Einschränkung überstarke Schaulust und sein Voyeurismus auf die entblößten Körperteile oder auf die wegen des körperbetonenden Kleides zu erkennende Figur einer fremden Frau. Dabei verdammt man wiederum den Teufel als Urheber dieser Sünde.

Als Triebobjekt beider Formen der Triebäußerung, des verpönten Voyeurismus und des, im Rahmen der persisch-islamischen Kultur erlaubten Exhibitionismus - Exhibitionismus in dem Sinn, daß der islamische Mann sich selbst als guter Beschützer und Bewahrer seiner Frau in übertriebener Weise darstellt, indem er sie als sein „*namus*“ (Geheimnis) gut bedeckt (versteckt), bzw. die Verantwortung für ihre Bedeckung trägt - erkennen wir, wenn wir uns den theoretischen Teil dieses Kapitels vergegenwärtigen, das Genital wieder. Die Exhibition des islamisch-iranischen Mannes läuft also darauf hinaus, seine Männlichkeit (*ghejrat*) bzw. seine stark betonte Geschlechtsidentität vor den anderen zur Schau zu stellen, die man m.E. auf die Zur-Schau-Stellung des männlichen Genitals zurückführen dürfte. Der

[206] Hierzu vergl.: S. Freud, „Das Unbehagen in der Kultur“ (1929)

[207] Der persische Dichter Hafis (1338-1413) ist für seine Kritik an *rija* und *tazwir* der religiösen Muslime, die sich anders darstellen als sie in Wirklichkeit sind, besonders für seine Kritik an *rija* und *tazwir* des „*zahed*“ (Frömmlers), des „*scheich*“ (Scheich) und des „*mufti*“ (islamischen obersten Richters), in der persischen Literatur sehr bekannt. Die heutige, mit seiner Zeit vergleichbare Situation Irans ruft die kritischen Gedichte Hafis erneut ins Gedächtnis.

Erfolg seiner Exhibition als frommer Moslem hängt davon ab, ob und inwieweit er als frommer Moslem, als jemand, der gemäß der islamischen Vorschrift seine islamische Ehepflicht erfüllt bzw. seine Frau vor der Öffentlichkeit und der sexuellen Begierde der anderen Brüder schützt, eben von diesen anerkannt wird. In dieser Hinsicht beruht die Exhibition des schiitisch-iranischen Mannes auf einer triangulären Konfliktsituation, worauf ich noch zurückkommen werde. Bei den bisherigen Ausführungen möchte ich daran festhalten, daß die Bedeckung der Frau als Anerkennung der männlichen Identität des schiitisch-iranischen Mannes bei seinem islamischen Bruder - im Sinne von Ch.-Smirgel „seinem Doppelgänger" - bedeutet und daß er aus dieser islamischen Idealerfüllung - im Sinne von Ch.-Smirgel „gelungener Exhibition" - seine narzißtische Befriedigung bezieht. Das Beschauen einer nichtislamisch-bedeckten fremden Frau ist aufgrund der extremen Geschlechtertrennung bzw. der herrschenden Form der Bedeckung der Frau eine sündhafte Quelle der Lustbefriedigung in der persisch-islamischen Kultur, von welcher sich der schiitisch-iranische Moslem enthalten soll. Die in der Kindheit stark verpönte Schaulust, die sich in der phallischen Phase bzw. mit der Entdeckung des Geschlechtsunterschiedes auf die Genitalien und den sexuellen Akt richtet, bleibt auch im erwachsenen Alter des schiitisch-iranischen Mannes stark verpönt bzw. wird von der Gesellschaft kontrolliert, so daß das Beschauen einer „schlechtbedeckten" Frau nicht nur den Wunsch und die Phantasie einer libidinösen Besetzung für den islamischen Mann rege macht, sondern quasi eine genitale Vereinigung für ihn bedeutet. Einer der geistlichen Staatsmänner der islamischen Republik beschwerte sich im Parlament über das „Schlechtbedecktsein" mancher Frauen in der Öffentlichkeit und deutete an, daß er aufgrund ihrer schlechten Bedeckung auf der Straße zur „sexuellen Ekstase" gelangt sei.

Durch den Voyeurismus triumphiert das Lustprinzip über das schiitisch-iranische Realitätsprinzip bzw. über sein streng verbietendes Über-Ich, das das Beschauen der fremden Frau stark verpönt. Ayatollah Khomeini erklärt zum Problem des Beschauens folgendermaßen:

> *Problem 2433: Das Beschauen des Körpers der unehelichen Frau mit der Absicht der Lustbefriedigung oder ohne sie, ist dem Mann*

verboten. ... Und auch das Beschauen des Körpers des unehelichen Mannes ist der Frau verboten.[208]

Wenn man *„ahkam-e negah kardan“* die islamisch-schiitischen Verordnungen des Beschauens, die ein Kapitel in *„tozih ul-masael“* von A. Khomeini als *„mardja taghlid“* (Ursprung der Nachahmung) ausmacht, studiert, kommt man zu der Auffassung, daß das Genital als eigentliches Objekt des Beschauens, das sich bei der Frau über den ganzen Körper und die Haare erstreckt, im Zentrum des Schauverbots steht. Ausgenommen ist das Beschauen der Genitalien für das Ehepaar bei dem sexuellen Akt. Bei zwei weiteren Problemerläuterungen der Beschauensverordnung von A. Khomeini heißt es:

Das Beschauen des Genitalien der anderen Person ist verboten, wenn auch durch das Glas, im Spiegel oder im Wasserspiegel und dergleichen. ... Die Ehefrau und der Ehemann dürfen jedoch sich gegenseitig den ganzen Körper beschauen.[209]

Ein Mann und eine Frau, die zueinander ehelich sind, dürfen, wenn sie nicht die Absicht der Lustbefriedigung haben, sich gegenseitig den ganzen Körper außer dem Genital beschauen.[210]

Im Hinblick auf das Beschauen bzw. das Sichtbarwerden des Genitals, das, wie auch aus den oben angeführten Problemen hervorgeht, gleichsam den sexuellen Akt assoziiert, kann man aus dem Koran entnehmen, daß die Ursünde der Menschheit, die zur Vertreibung von Adam und Eva aus dem Paradies geführt hat, das Sichtbarwerden der Genitalien bzw. die Entdeckung der Sexualität für sie gewesen ist. In diesem Zusammenhang steht im Koran, daß der Satan dem Adam und seinem Weib die Kleidung geraubt und ihre Scham kundgetan habe.

Zum Schluß dieses Kapitels möchte ich auf ein Gebiet in der persisch-islamischen Kultur hinweisen, das uns zum weiteren Verständnis der auf das

---

[208] Ayatollah R. Khomeini, *„touzih ul-masael“* (Erlärung der Probleme) (pers), S.388-389, Qom, 1964

[209] A.R. Khomeini, Problem 2436, Qom, 1964

[210] A.R. Khomeini, Problem 2437, Qom, 1964

Genital bzw. den sexuellen Akt gerichteten starken Schaulust leitet. Ich meine hier das Gebiet der persischen Witze.

Das besondere Merkmal der auf extremer Geschlechtertrennung beruhenden schiitisch-iranischen Kultur ist es, daß die Sexualität als Thema allgemein zwischen den beiden Geschlechtern stark tabuisiert ist. Das islamisch-schiitische „*schariat*" Dogma bzw. dessen Vertreter „*maradj-e taghlid*" (die Ursprünge der Nachahmung) als, wie es im zweiten Kapitel erörtert wurde, externalisiertes Über-Ich des schiitisch-iranischen Gläubigen bildet hier, was die, in Bezug auf die Sexualität verordneten Verbote und Gebote bzw. die schiitisch-islamische Sexualaufklärung anbelangt und was die islamische Sozialisation in der Familie und der Gesellschaft beeinflußt und bestimmt, eine Ausnahme. Die Verordnungen des schiitisch-islamischen *schariat* in „*touzih ul-masael*" und in den anderen schiitischen Literaturen, aber auch bei der „*waaz*" (Predigt) in der Moschee können aufgrund ihrer Ernsthaftigkeit, die extra durch eine tabuisierte Sprache und Terminologie zum Ausdruck gebracht wird, bei dem schiitischen Anhänger nicht die Wirkung des persischen Witzes, in dessen Mittelpunkt auch die Sexualität steht, hervorrufen. Witz und Humor gehören zu den wichtigsten Weisen, die Strenge des schiitisch-islamischen Realitätsprinzips zu kompensieren. Während der Humor und die Satire in der persischen Literatur eine genauso alte Tradition wie die traditionelle islamisch-iranische Kulturerscheinungen im Iran haben, möchte ich mich jedoch auf das Gebiet der gegenwärtigen Alltagswitze, die von der Bevölkerung hergestellt und verbreitet werden, beschränken.

Im Mittelpunkt der Vielzahl persischer Witze steht, wenn man sie in einem allgemeinen Kontext betrachten will, das Thema der Sexualität, das unter der Herrschaft des schiitisch-iranischen Realitätsprinzips stark tabuisiert ist, bzw. die Beschreibung des sexuellen Akts, des männlichen und/oder des weiblichen Genitals. Man sucht auf diese Weise kulturelle Kompensationswege, um im Sinne der Psychoanalyse[211] den Triumpf des Lustprinzips über das Realitätsprinzip zu ermöglichen. Bei der Teilnahme an solchen Scherzen richtet man seine sexuelle Neugierde auf der Phantasieebene wieder auf das Anschauen solcher realen Szenen, was einem in der frühen Kindheit aufgrund der islamischen Erziehung verboten wurde. Bei diesem Kompensationsweg der Kultur, dessen Erfolg sich durch die Affektauslösung des Lachens be-

[211] Hierzu vergl.: S. Freud, „Der Humor" (1927)

merkbar macht, handelt es sich um den starken Schautrieb, der sich auf diese Weise befriedigt.

Eher ironisch wird der Witz, wenn er eine unterdrückende Vaterrepräsentanz in seiner Art und Weise, nämlich durch den Triumph des Lustprinzips über das Realitätsprinzip lächerlich macht bzw. zum Erliegen bringt. Bei den neuen Witzen, die man gegen die Repräsentanten und die politischen Persönlichkeiten der islamischen Republik konstruiert und verbreitet, ist über die Darstellung der obszönen Szenen, die im obigen Sinn die Schaulust befriedigen, hinaus auch der Aspekt zu betrachten, daß man sich dadurch „dem Zwang des Leidens"[212] von der Seite der islamischen Republik bzw. ihrem Realitätsprinzip entziehen will.

3.6 Die Scham des schiitisch-iranischen Mannes infolge des Sichtbarwerdens seiner Frau vor „*namahram*", dem fremden Mann

Meine Schwester, dein Schleier erschreckt den Feind mehr, als mein Blut es vermag![213]

Für die Schamauslösung ist, wie im theoretischen Teil dieses Kapitels gezeigt wurde, das Sichtbarwerden des Ichs, des Körper-Ichs oder des psychischen Ichs im Sinne von Ch.-Smirgel, was letzten Endes auf das Sichtbarwerden des Genitals zurückgeht, vorausgesetzt. Sei es durch die reale Beobachtung eines anderen oder durch sich selbst, im Falle einer verinnerlichten Scham im Sinne von E. Jacobson[214], wo man sich vom Über-Ich beobachtet fühlt, handelt es um Sichtbarwerden des Ichs.

[212]In seiner Arbeit „Der Witz und seine Beziehung zum Unbewußten" (1905) hatte Freud den Humor vom ökonomischen Gesichtspunkt aus betrachtet; der humoristische Lustgewinn wäre nach ihm aus dem ersparten Gefühlsaufwand hervorgegangen. In „Der Humor" (1927) stellte er diesen Sachverhalt zurückführend auf seinen ökonomischen Aspekt auch dynamisch dar; die Abweichung des Anspruchs der Realität bzw. die Abwehr ihrer Leidensmöglichkeit und die Durchsetzung des Lustprinzips seien in nächster Betrachtung das Werk des schützenden Über-Ichs des Humoristen.

[213]Dieser Spruch war überall auf den Straßenwänden in Teheran und in den großen Städten Irans am Anfang der Machtergreifung der islamischen Republik zu lesen, der mit der Zwangsverschleierung der Frauen in der Republik einherging.

[214]Hierzu vergl.: E. Jacobson, 1964

In der persisch-islamischen Kultur ist der Aspekt der realen Beobachtung seitens eines anderen für die Schamauslösung des schiitisch-iranischen Subjekts sehr entscheidend, zumal das Über-Ich-System in dieser Kultur, wie schon im ersten Kapitel dieser Arbeit erörtert wurde, ein externalisiertes Über-Ich ist. Ist die narzißtische Idealerfüllung des schiitisch-iranischen Mannes als Teil seines Über-Ich-Systems vom positiven Urteil der schiitisch-iranischen Gemeinschaft abhängig, an deren Spitze der als Über-Ich des schiitischen Anhängers funktionierende schiitische Führer steht, so hängt auch umgekehrt die Schamreaktion als Folge des Sichtbarwerdens des zu versteckenden Teils seiner Psyche vor der islamischen Gemeinschaft bzw. der Regression auf den ödipalen Konflikt der Kindheit, als „narzißtische Wunde" eben mit der islamischen Gemeinschaft zusammen.

3.6.1 Soziale Angst vor dem Gesichts („*aberu*")-verlust vor der islamischen Gemeinschaft

Die schiitisch-iranische Gemeinschaft ist, vom Gesichtspunkt des Realitätsprinzips aus betrachtet, ein Kulturgebilde der islamischen Glaubensbrüder mit einem überstarken Vater an dessen Spitze. Dieses Kulturgebilde würde sich aufgrund der auf dem Lustprinzip beruhenden Rivalität und Kulturfeindseligkeit der Glaubensbrüder auflösen, wenn die Autorität des Vaters der Gemeinschaft gegenüber bzw. die Bindung der Gemeinschaft dem Vater gegenüber nicht aufrechterhalten bleiben würde.

Die islamische Gemeinschaft überragt das Privatleben. Sie artikuliert sich in Familie, Verwandtschaft, Nachbarschaft, Gemeinde usw., die als Kontrollinstanzen über die Individualität des Einzelnen verfügen.

Die islamische Gemeinschaft besitzt als eine andauernde Gruppe über die Merkmale des idealisierten Vaters im Sinne von Freud in „Massenpsychologie und Ich-Analyse" (1921), der als „Massenideal an die Stelle des Ichideals" das Ich der Glaubensbrüder beherrscht,[215] hinaus auch die Merkmale einer Mutter, die die Mitglieder aufnimmt, versorgt und ihnen das Geborgenheitsgefühl

[215] S. Freud stellt in „Massenpsychologie und Ich-Analyse" (1921) den Massenführer und die Masse zurückführend auf seine Abkunft vom Urvater bzw. ihre Abkunft von der Urhorde folgendermaßen fest:

vermittelt. Sie ist im Ch.-Smirgelschen Sinn auch eine allmächtige Mutter.[216] Die islamisch-schiitische Masse ist im Gegensatz zu der Ch.-Smirgelschen These, ohne das Über-Ich verschwinden zu lassen, mit einer Gruppenillusion von „islamischer Gerechtigkeit" und heiler Welt, die psychomythologisch im zweiten Kapitel dieser Arbeit ausgeführt wurde, verbunden. Der Revolutionsführer A. Khomeini verkörpert den idealen Vater, er erlaubt der Gruppe der Gläubigen eine Projektion ihres Ichideals auf ihn. Das führt zu einer starken Bindung der Gruppe an ihn und gleichzeitig einer gegenseitigen Bindung der Gruppenmitglieder untereinander. In diesem doppelseitigen Verschmelzungserlebnis erscheint auch der fusionäre Aspekt der primärnarzißtischen Verschmelzung mit der Mutter.[217]

Angesicht des oben ausgeführten psychologischen Sachverhalts ist die schiitisch-iranische Masse nicht so konstruiert, daß der schiitisch-iranische Anhänger, im Gegensatz zu Ch.-Smirgelscher Ansicht, „eine veritable Aus-

> *Der Führer der Masse ist noch immer der gefürchtete Urvater, die Masse will immer noch von unbeschränkter Gewalt beherrscht werden, sie ist im höchsten Grade autoritätssüchtig, hat nach Le Bons Ausdruck den Durst nach Unterwerfung. Der Urvater ist das Massenideal, das an die Stelle des Ichideals das Ich beherrscht.* S.142, G.W. XIII

[216] Ch.-Smirgel hebt in ihrem Werk „Das Ichideal", 1981, den Mutteraspekt der Masse hervor. Sie schreibt:

> *Die Gruppe erzeugt sich selbst. Sie ist selbst eine allmächtige Mutter. Es geht nicht darum, sich um eine zentrale Person zu scharen (den Leiter), sondern um die Gruppe selbst. Die Gruppenillusion wäre also die Realisierung des Wunsches, "die narzißtische Wunde zu heilen" und sich mit der Gruppe zu identifizieren. ...*
>
> *Die Vaterfigur wird in der Tat fortgejagt, aus der Gruppe ausgeschlossen wie das Über-Ich. Alles geschieht so, als sei die Gruppenbildung an sich halluzinatorische Realisierung einer primitiven Verschmelzung. .... Es gibt keinen absoluten Führer, der nicht auch Träger einer Ideologie wäre. ... Ebenso besitzt der Häuptling mehr von den Merkmalen der allmächtigen Mutter als des Vaters.* S.85-86

[217] Wie es aus den Ausführungen über die schiitische Masse bzw. ihren Vater-Aspekt und Mutter-Aspekt hervorgeht, kann ich, was ihre Ansichten über die Gruppe (Masse) anbelangt, Ch.-Smirgel nur teilweise zustimmen. Sie hebt m.E. nur den Mutter-Aspekt der Gruppe hervor, wobei sie den Vater-Aspekt vernachlässigt.

rottung des Vaters und der väterlichen Welt ebenso aller Derivate des Ödipus" erleben würde. Im Gegenteil, die schiitisch-iranische Masse ist aufgrund der vorhandenen maternalen wie paternalen Merkmale ein Schauplatz des Ödipus. Die Haltung der Mitglieder in der schiitischen Masse ist ambivalent. Während sie dem Führer als der psychischen Repräsentanz ihres externalisierten Über-Ichs folgen und nach außen hin alles, was, im Sinne von Ch.-Smirgel, die Erfüllung der fusionären Verschmelzung mit der Mutter (der islamischen Gerechtigkeitsherrschaft) verhindert, verschwinden lassen, bleibt die Masse in sich vom Lustprinzip der Einzelnen bzw. von ihrer, vom islamischen Gesichtspunkt aus betrachtet, Kulturfeindseligkeit bedroht. Zur Charakteristik der schiitischen Masse, wahrscheinlich jeder Masse gehört, daß der ödipale Vater personifiziert ist. Es gibt immerfort Persönlichkeiten, die als große Vorbilder gelten. Sie sind in diesem Kulturraum nicht durch irgendwelche Ideen und Ideale eretzt. Im Gegenteil, jede Idee und jeder schiitische Glaube wird durch eine bestimmte Persönlichkeit repräsentiert, wie Ayatollah Khomeini die islamische Revolution bzw. Republik repräsentiert.

Hängt die Regulierung des narzißtischen Selbstwertgefühls des schiitisch-iranischen Anhängers vom Geliebtwerden und der Anerkennung seitens der islamischen Gemeinschaft bzw. seitens deren Führer im Sinne eines externalisierten Über-Ichs ab, senkt der Liebesentzug seitens der Gemeinschaft bzw. der Ausschluß des schiitischen Anhängers von der Gemeinschaft sein Selbstwertgefühl. Die Angst vor diesem Liebesentzug, die soziale Angst des Anhängers vor dem Entdecktwerden[218] des nicht regelrecht erfüllten Ideals seitens der Öffentlichkeit ist die wichtigste moralische Maxime des schiitisch-iranischen Anhängers in der Öffentlichkeit.

---

[218] S. Freud stellt in „Das Unbehagen in der Kultur" (1929) fest:

> *Man heißt diesen Zustand „schlechtes Gewissen", aber eigentlich verdient er diesen Namen nicht, denn auf dieser Stufe ist das Schuldbewußtsein offenbar nur Angst vor dem Liebesverlust, „soziale" Angst. Beim kleinen Kind kann es niemals etwas anders sein, aber auch bei vielen Erwachsenen ändert sich nicht mehr daran, als daß an Stelle des Vaters oder der Eltern die größere menschliche Gemeinschaft tritt. Darum gestatten sie sich regelmäßig, das Böse, das ihnen Annehmlichkeiten verspricht, auszuführen, wenn sie nur sicher sind, daß die Autorität nichts davon erfährt oder ihnen nichts anhaben kann, und ihre Angst gilt allein dem Entdecktwerden.* S.484, G.W. XIV

In dieser Hinsicht müssen die Mitglieder der schiitischen Gemeinschaft stets das Urteil der Gemeinschaft über sich stellen. Dies fordert von ihnen gegenüber der Gemeinschaft bzw. dem ödipalen Vater einen „Exhibitionismus“[219], der in der Öffentlichkeit über die auf dem Lustprinzip beruhende Unangepaßtheit - falsche Haltung und Sünde - hinwegtäuschen bzw. die gute Seite demonstrativ darstellen soll, um die positive Aufmerksamkeit und Liebe des Vaters zu erwecken.

Dieser Mechanismus ist das entscheidende Abwehrsystem in diesem kulturellen Rahmen. Solange dieser Verleugnungsmechanismus intakt bleibt, solange der Betroffene sich selbst über das Verbotene hinwegtäuschen kann bzw. die islamische Gemeinschaft die sündhafte, unangepaßte Haltung nicht entdeckt, entsteht kein Scham- oder Schuldgefühl.

Anknüpfend an die Freudschen und Ch.-Smirgelschen Ansichten im theoretischen Teil dieses Kapitels über die Realitätswahrnehmung und das Messen des Ichs an seinem Ideal über die Spiegelfunktion eines homosexuierten Doppelgängers möchte ich ebenfalls aufgrund der dargestellten Relevanz der islamischen Gemeinschaft bei der Beurteilung des schiitischen Gläubigen hervorheben, daß der islamische Glaubensbruder die Funktion eines Spiegels in diesem Sinn für den schiitischen Gläubigen übernimmt und überwiegend durch diese Spiegelfunktion die Beurteilung seines psychischen Ichs in Bezug auf die Idealerfüllung möglich ist. Da sein Ich sonst kein anderes Mittel für die Realitätsprüfung zur Verfügung hat, kann der Liebesentzug und die soziale Zurücksetzung bzw. die narzißtisch-verletzende Erniedrigung seitens der islamischen Gemeinschaft gegenüber dem schiitischen Anhänger seine sonst desexualisierte homosexuelle soziale Triebregung im Sinne Freuds resexualisieren. Da die Idealerfüllung nach Freud auch einen sozialen Anteil hat, dessen Besetzung durch die homosexuelle Libido vonstatten geht, werde die Nichterfüllung des Ideals (aufgrund der darauf folgenden Zurücksetzung seitens der Gesellschaft) die homosexuelle Libido frei machen.[220]

---

219 Hierzu vergl.: den Punkt 3.5 der vorliegenden Arbeit

220 Freud schreibt über das Ideal und die homosexuelle Libido folgendes:

> *Vom Ichideal aus führt ein bedeutsamer Weg zum Verständnis der Massenpsychologie. Das Ideal hat außer seinem individuellen einen sozialen Anteil, es ist auch das gemeinsame Ideal einer Familie, eines Standes, einer Nation. Es hat außer der narzißtischen Libido einen großen Betrag der homosexuellen Libido einer Person gebunden, welcher auf dem Weg ins Ich zurückgekehrt*

Aufgrund der stark geprägten Geschlechtertrennung in der Primärsozialisation der schiitisch-iranischen Familie wird vermutlich der Geschlechtsunterschied für den Knaben beeinträchtigt und mehr von der Beobachtung des gleichen Geschlechts abhängig. Er muß immer in die Gesellschaft der Männer integriert werden, was vor allem seine homosexuelle Bindung an den ödipalen Vater befördert. Die Identifikation des Knaben mit dem Vater, im Sinne von Ch.-Smirgel, mit dem Penis des Vaters zur Verwicklichung der Symbiose mit der Mutter ist aufgrund der Geschlechtertrennung und der starken homosexuellen Bindung an den Vater stark betont, so daß seine Geschlechtsidentität (als Besitzer des Penis) die Resonanz seines Ebenbildes, nämlich die des Vaters benötigt. Die Mißbilligung und die Mißachtung des Vaters dem Knaben gegenüber assoziiert für diesen die „Verweiblichung“ bzw. die Kastration. Indem der schiitisch-iranische Mann sich, in dem Bestreben wie der Vater zu sein, vollkommen unkastriert vor dem Doppelgänger (islamischen Bruder) exhibiert, bzw. seine Frau bedeckt, wird der eigentliche Charakter dieses Doppelgängers als ödipalem Vater ersichtlich.

Die soziale Angst des schiitischen Gläubigen vor dem unangemessen, gemäß der schiitisch-iranischen Kultur verbotenen Auftritt seiner Frau in der Öffentlichkeit, bei dem die Gefahr besteht, daß sie in solchem Zustand von den als psychische Repräsentation des Doppelgängers geltenden Glaubensbrüdern gesehen wird, ist für ihn eine Signalangst für die bestehende Gefahr des darauf folgenden „*aberu*“- (Gesichts-)verlustes.

Die verbotene Exhibition der schiitischen Frau kommt einer nicht gelungenen Exhibition des schiitischen Mannes gleich, die mit einer Schamauslösung für ihn einhergeht. Die Schamreaktion löst ihrerseits, da sie durch das Sichtbarwerden der Frau eine Idealverletzung beim Mann verursacht, ein Minderwertigkeitsgefühl als Ausdruck des narzißtischen Konflikts zwischen Ich und seinem Ideal aus. Diese von ihm als Mangel der "*ghejrat*“ (Männlichkeit) bzw. als Identitätsproblem empfundene Disposition beruht auf seinem Kastrationskonflikt.

---

ist. Die Unbefriedigung durch Nichterfüllung dieses Ideals macht homosexuelle Libido frei, welche sich in Schuldbewußtsein (soziale Angst) verwandelt. S.169, G.W. X (1914) „Zur Einführung des Narzißmus“

Vom dynamischen Gesichtspunkt aus betrachtet, ist das Gefühl der Kastration die Folge einer Regression auf die bestimmte psychosexuelle Entwicklungsphase des schiitischen Gläubigen, das aufgrund seiner kulturellen Abwehr normalerweise von seinem Bewußtsein fernbleibt, um in dem Fall eines Gesichtsverlustes ins Bewußtsein einzudringen.

3.6.2 Die heterosexuell-verkleidete Homosexulität: Voyeurismus, Verweiblichung und Kastration

Während die Schamreaktion des schiitisch-iranischen Mannes, die sekundär ein Minderwertigkeitsgefühl aufgrund der Idealverletzung im Bereich des männlichen Ideals auslöst, infolge des Sichtbarwerdens der eigenen Frau in der Öffentlichkeit und vor dem fremden Mann hervorgerufen wird, konzentriert sich die Scham bei der schiitisch-iranischen Frau auf das vom Über-Ich-System bestimmte verbotene Sichtbarwerden des eigenen Körpers. Die Schamreaktion aktualisiert bei der schiitisch-iranischen Frau aufgrund der Überschreitung dieser Verbotsgrenze das unbewußte Schuldgefühl, während sie bei dem islamischen Mann aufgrund der Idealverletzung bzw. der Spiegelfunktion des Doppelgängers bei der Beurteilung des Ichs und zwar auf dem Wege der Regression die Inszenierung der ödipalen Dreiecksituation, in deren Vordergrund die Kastration des islamischen Mannes steht, auslöst.

Der schiitisch-iranische Mann schämt sich für seine Frau, wenn sie, nicht islamisch genug bedeckt, vom fremden Mann beschaut bzw., was dasselbe bedeutet, sexuell berührt wird. In solcher Situation kommt er mit demselben Konfliktbereich in Berührung, den er aus seiner Kindheit kennt. Als kleiner Junge wurde er schon im Alter von 5-6 Jahren gemäß der islamischen Vorschrift und Erziehung von den weiblichen Mitgliedern der Familie getrennt, um als islamischer Mann vom Vater aufgezogen zu werden.

Ist die geschlechtliche Identitäts- und Idealbildung - wie sie im theoretischen Teil dieses Kapitels erörtert wurde - im Freudschen Sinn[221] und im

[221] Freud stellt in „Psychoanalytische Bemerkung über einen autobiographisch beschriebenen Fall von Paranoia (Dementia Paranoides)" (1911) fest, daß das Individuum nach dem Autoerotismus bzw. in dem Narzißmus sich selbst zum Liebesobjekt nimmt, bevor es zur Objektwahl einer fremden Person übergeht. Bei dem Sexualobjekt einer fremden Person entwickelt es sich über die Homosexualität zur Heterosexualität. Er schreibt:

Ch.-Smirgelschen Sinn[222] über die homosexuelle Objektwahl und die Identifikation mit dem ödipalen Vater, mit seinem Penis für das männliche Subjekt möglich, wird dieser psychologische Sachverhalt für den schiitisch-iranischen Mann aufgrund der herrschenden extremen Geschlechtertrennung bzw. aufgrund der überstarken Idealisierung des ödipalen Vaters und der homosexuellen Bindung an ihn umso mehr von der Homosexualität geprägt. Die schiitisch-traditionelle Geschlechtertrennung fördert die homosexuelle Disposition des kleinen Jungen und die Bindung an den ödipalen Vater, die zur Idealisierung des Vaters bzw. des männlichen Geschlechts führt. Die latente, nicht offen austragbare und stark verpönte Homosexualität drückt sich als starke Männlichkeitseinstellung (*gheijrat*) des Mannes in dieser Kultur aus, durch welche sie verleugnet wird. Diese Homosexualität kommt ebenfalls in zielgehemmter Form als islamische Brüderlichkeit in der schiitischen Masse und Gesellschaft zur Erscheinung, deren Zusammenhalt die Frau durch ihre erotische Ausstrahlung in Gefahr zu bringen scheint, weshalb sie dann durch die Trennung bzw. die islamische Bedeckung von dieser „homosexuellen" Männergesellschaft ausgeschlossen wird.

Durch die Identifikation mit dem ödipalen Vater bzw. seinem Penis für die libidinöse Besetzung der Mutter trifft der schiitisch-iranische Mann zwar eine heterosexuelle Objektwahl, die jedoch vor allem als Männlichkeitsbeweis, als Zur-Schau-Stellung des phallischen Penis dem Vater gegenüber als dem homosexuellen Rivalen und Besitzer des Penis gilt. Die islamische Ideal-Vorstellung von der Männlichkeit ist in der schiitisch-islamischen Kultur stark von der phallischen Phase und der phallischen Vorstellung geprägt. Sie symbolisiert auf einer Seite die phallische Macht und auf der anderen Seite die Entmachtung und die Erniedrigung des Kastriertseins. Durch den homosexuellen Akt will der schiitisch-iranische Mann dem gleichgeschlechtlichen sexuellen Objekt seinen Phallus demonstrieren, indem er ihn durch die anale Penetration kastriert. Dabei geht es um den Besitz des Phallus

---

Der weitere Weg führt zur Wahl eines Objekts mit ähnlichen Genitalien, also über die homosexuelle Objektwahl, zur Heterosexualität. S.297, G.W. VIII

[222]Nach J. Chasseguet-Smirgel ist der wichtigste Gesichtspunkt im Hinblick auf die sexuelle Objektwahl die Hervorhebung der Identifikation des männlichen Subjekts (des Knaben in der ödipalen Phase) mit dem Penis des Vaters für die libidinöse Besetzung der Mutter. (Hierzu vergl.: J. Ch.-Smirgel, „Das Ichideal", 1981)

bzw. das Kastriertsein (Fehlen des Penis) im Freudschen Sinn[223] und um die Demonstration des Phallus als Symbol der Macht im Sinne von C. Laurin[224]. Die anale Penetration bedeutet die **Verweiblichung** des Objekts im Sinne der Kastration und der Penislosigkeit und sie sichert die Abwehr der Kastrationsangst des Subjekts, die aufgrund der Drohung seitens des ödipalen Vaters beim Subjekt ausgelöst ist. Durch diese Art der Homosexualität stellt das männliche Subjekt in der persisch-islamischen Kultur seinen Geschlechtsunterschied zum Objekt bzw. sein Unkastriertsein unter Beweis.

Die Identifikation des kleinen Jungen mit seinem ödipalen Vater bzw. mit seinem Penis zur geschlechtlichen Idealbildung ist in der islamischen Familie - wie schon dargestellt wurde - homosexueller Natur und darüber hinaus von der ambivalenten Einstellung diesem gegenüber geprägt, so daß der kleine Junge in seinem ständigen Versuch, potent und mächtig wie der Vater zu sein, auch sich selbst-idealisierend über ihn stellen bzw. ihn erniedrigen (kastrieren) will.

Die Mutter ist für den kleinen Jungen nach der Geschlechtsentdeckung ein vom ödipalen Vater kastriertes Wesen. Hinter dem Wunsch des kleinen Jungen, die Mutter libidinös zu besetzen, steckt seine Allmachtsphantasie als Besitzer des Phallus, was ihm zur Abwehr der Kastrationsangst dient. Er beabsichtigt dadurch, sein Unkastriertsein unter Beweis zu stellen, wobei er den ödipalen Vater als Hindernis und Rivalen empfindet. Sein Hauptanliegen

---

[223]Nach Freud kann man die Bedeutung des Kastrationskomplexes erst richtig würdigen, wenn man seine Entstehung in der Phase des „Phallusprimats" mitberücksichtigt. Er stellt in der Sexualentwicklung des Menschen vier Gegensätze fest: der erste Gegensatz sei hier der mit der Objektwahl eingeführte Gegensatz vom Subjekt-Objekt, der zweite sei der mit der prägenitalen sadistisch-analen Organisation einhergehende Gegensatz von aktiv und passiv, über den dritten Gegensatz der Sexualentwicklung schreibt er:

> *Auf der nun folgenden Stufe der infantilen Genitalorganisation (von Freud auch „Phase des Pallusprimats" genannt) gibt es zwar ein männlich, aber kein weiblich; der Gegensatz lautet hier: männliches Genital oder kastriert.*(„Die infantile Genitalorganisation" S.297, (1923), G.W. XIII)

und der vierte Gegensatz in dieser Hinsicht sei der in der Pubertät entwickelte Gegensatz von weiblich-männlich.

[224]Zum Phallus als Symbol der Macht vergl.: C. Laurin, „Phallus et sexualité féminine" in „La Psychoanalse", VII, Paris, P.U.F., 1964, S.15

betrifft jedoch hierbei vor allem den ödipalen Vater als homosexuelles Objekt, dem er seinen Phallus als Symbol der Macht exhibieren will.

Wie es aus den obigen Erörterungen hervorgeht, stellt der ödipale Vater in der schiitisch-iranischen Familie aufgrund der extremen Geschlechtertrennung und der starken Idealisierung des Vaters für den Sohn nicht nur den Rivalen, sondern gleichzeitig auch den homosexuierten Doppelgänger im Sinne von Ch.-Smirgel dar. Anders ausgedrückt: der homosexuierte Doppelgänger, der die Realitätsprüfung des Ichs des schiitisch-iranischen Mannes in Hinsicht des männlichen Ideals vom Unkastriertsein ermöglicht, repräsentiert den ödipalen Vater, dem gegenüber die Rivalität des schiitisch-iranischen Mannes zur Geltung kommt.

Die Ambivalenz des schiitisch-iranischen Mannes gegenüber dem ödipalen Vater stellt sich einerseits in der Bestrebung dar, von der idealisierenden Vaterimago als Besitzer des Phallus narzißtisch anerkannt zu werden, sie besteht jedoch andererseits im Versuch, ihn als Rivalen zu kastrieren. Die schiitisch-iranische Kultur bietet für die Erhaltung dieser narzißtischen Anerkennung entsprechend dem islamischen Realitätsprinzip eine Möglichkeit an: diese besteht in der islamischen Bedeckung der eigenen Frau des schiitisch-iranischen Mannes und gilt - wie schon anderswo dargestellt wurde - als seine Exhibition, als die des frommen Muslims vor dem Doppelgänger als psychischen Repräsentanten des ödipalen Vaters. Seine Exhibition läuft darauf hinaus, durch die Sorge und die Verantwortlichkeit für die Bedeckung der eigenen Frau die Idealerfüllung und die narzißtische Anerkennung bei dem Doppelgänger zu erzielen. Die ehelich-islamische Idealerfüllung des schiitisch-iranischen Mannes, für die Bedeckung der eigenen Frau zu sorgen, damit diese nicht vom fremden Mann beschaut bzw. libidinös besetzt wird, heißt, als vollkommener Mann in der Lage sein, sie libidinös besetzen zu können. In näherer Betrachtung bedeutet dies die Zur-Schau-Stellung seines eigenen Penis vor dem homosexuierten Doppelgänger bzw. vor dem ödipalen Vater, bei dem er die narzißtische Anerkennung für den Besitz des Phallus und seine Unkastriertheit erhofft. Die Demonstration der sexuellen Unberührtheit der eigenen Frau ist also in diesem dargestellten Sinn die Exhibition des Phallus des schiitisch-iranischen Moslems als Zeichen der Männlichkeit im kulturellen Sinn der iranisch-schiitischen Gesellschaft.

Gelingt es ihm, dem frommen Moslem, nicht, dem Doppelgänger bzw. dem ödipalen Vater seinen Penis als Symbol für die libidinöse Besetzung der eigenen Frau bzw. der ödipalen Mutter zu exhibieren - wird sein Ehrgefühl durch das unerlaubte Sichtbarwerden und die sexuelle Berührung seiner eigenen Frau durch einen fremden Mann verletzt -, ist die Folge für ihn der Gesichtsverlust, der mit der Scham und dem Minderwertigkeitsgefühl einhergeht und auf sein Selbstwertgefühl herabsetzend wirkt.

Dem schiitisch-iranischen Mann wird aufgrund des Sichtbarwerdens seiner Frau für den fremden Mann die Männlichkeit aberkannt. Sein Über-Ich und die islamische Gemeinschaft der Brüder entziehen ihm als psychische Repräsentanzen der ödipalen Eltern ihre Liebe und Achtung. Durch diesen Liebesentzug wird er von der islamischen Gemeinschaft ausgeschlossen. Der Gesichtverlust durchbricht die Abwehrmechanismen seiner vom Über-Ich stark verpönten Homosexualität. Diese Idealverletzung beeinträchtigt seine männlich-islamische Identität. Der Gesichtsverlust gegenüber dem Doppelgänger bzw. sich von diesem beobachtet zu fühlen, enthüllt das, was er latent und tendentiell in sich versteckt, nämlich die Homosexualität, durch deren Verdrängung bzw. Sublimierung er in dem Brüderbündnis der islamischen Gemeinschaft eingegliedert ist.

Die verachtete, sog. passive Homosexualität des männlichen Subjekts in der schiitisch-iranischen Kultur bedeutet die anale Penetration, der die Kastration zugrunde liegt. Diese Homosexualität ist sehr stark von der Genitalität bzw. von der phallischen Phase geprägt, bei der es hauptsächlich um die der Entdeckung und die Zeigelust des Phallus als Symbol der Macht geht. Während das männliche Subjekt durch die anale Penetration des gleichgeschlechtlichen Objekts seinen phallischen Penis zur Schau stellen bzw. zur Geltung bringen will, wird das männlich-homosexuelle Objekt hierdurch - vom psychoanalytischen Gesichtspunkt aus betrachtet - verweiblicht und kastriert.

Die Besitzergreifung von der Frau ist eine auf infantiler Analität der psychosexuellen Entwicklung beruhende Charaktereigenschaft des schiitisch-iranischen Mannes. Die Frau als dem männlichen Ideal entsprechendes sexuelles Objekt dient als wertvolles Objekt zur schiitisch-iranischen Idealerfüllung und zur Stabilisierung der männlichen Identität bzw. zur Abwehr der Kastrationsangst des Mannes. Ihre Inbesitznahme dient der Abwehr der

Homosexualität des Mannes, deren Sublimierung die Brüderlichkeit der islamischen Gemeinschaft zusammenhält.

Geht aus den obigen Erörterungen hervor, die islamische Bedeckung der Frau als Maskierung der analen homosexuellen Triebregung - der Röte im Ch.-Smirgelschen Sinn - zu bezeichnen, ist das unerlaubte Sichtbarwerden der Frau gleichbedeutend mit der analen homosexuellen Triebregung des islamischen Mannes, als ob dieser sich dem Doppelgänger passiv-homosexuell anböte. Ebenfalls wird aus der obigen Diskussion ersichtlich, daß aufgrund der Beteiligung der homosexuellen Triebregung an dem Prozeß der ödipalen Idealbildung des schiitisch-iranischen Mannes mit seiner Idealverletzung bzw. mit der Auslösung der Scham und des Minderwertigkeitsgefühls bei ihm die Resexualisierung seiner homosexuellen Triebregung einhergeht.

Die islamische Öffentlichkeit als außerfamiliärer sozialer Verkehrsort ist - vom psychoanalytischen Gesichtspunkt aus betrachtet - durch ihre infantilisierend-realitätsprüfende Funktion, ihren Mitgliedern aufgrund ihres Verhaltens, je nachdem, Anerkennung und Ansehen zu verschaffen oder eben sie zu verachten und durch Liebesentzug ausschließen, die wichtigste Kontrollinstanz der schiitisch-iranischen Gesellschaft.

Die schiitisch-iranische Gesellschaft ist eine männlich-homosexuell strukturierte Gesellschaft, da sie die Frauen als ordnungsgefährdende Symbole der Sexualität ausschließt. Man könnte die Angst der schiitisch-iranischen Männer vor den Frauen, im Sinne von P. Zagermann[225], auf die „verschlingende Angst vor der Mutter“ zurückführen. Aufgrund des schiitisch-männlichen Ideals und der damit verbundenen Kastrationsangst wird die Frau in den Rahmen der Familie verbannt, und ihr Auftritt in der Öffentlichkeit ist nur durch die Bedeckung möglich, die selbst eine ausschließende Funktion hat.

Die schiitische Öffentlichkeit verlangt von ihren Mitgliedern die Beachtung der islamisch-männlichen Ideale, aufgrund deren Erfüllung sie ihnen Anerkennung als Mann gewährleistet. Während sich die islamische Frau von ihr zurückhält, zeigt sich der schiitisch-iranische Mann, abhängig vom Urteil des Doppelgängers bzw. des ödipalen Vaters, für seine narzißtische Anerkennung als frommer Moslem bzw. auf der unbewußten Ebene als Besitzer des Phallus

[225] Hierzu vergl.: P. Zagermann, „Ich-Ideal Sublimierung Narzismus“ (1985)

vor der islamischen Öffentlichkeit als psychischer Repräsentanz des ödipalen Vaters. Das Sich-Zeigen des schiitisch-iranischen Mannes als fommer Moslem in Bezug auf die Besitzergreifung seiner Frau ist die kulturell-erlaubte Form der schon in der Kindheit verbotenen und verdrängten Exhibition des Phallus. Solange die Öffentlichkeit ihn als Mann und guten Beschützer der Frau anerkennt, kann der schiitisch-iranische Mann seine homosexuelle Regung gegenüber dem sog. islamischen Bruder als Repräsentant des ödipalen Vaters abwehren bzw. sie in sublimierter Form erleben. Die nicht gelungene Exhibition durch das verbotene Sichtbarwerden seiner Frau für den Doppelgänger wird - wie schon dargestellt - diese als eine homosexuelle Regung, als anale Penetration offenbaren, was mit der Kastration gleichbedeutend ist.

Die schiitisch-iranische Öffentlichkeit beruht auf der Wiederbelebung der ödipalen Situation der schiitisch-iranischen Gläubigen, in der sich das männliche Subjekt aufgrund der Kastrationsangst vor dem ödipalen Vater gegenüber den sog. Schwestern sexuell vollkommen enthaltsam verhalten soll. Die erogene Zone Auge, die starke Schaulust des Gläubigen, die in der Öffentlichkeit - wie schon dargestellt wurde - unbewußt als Ersatz für den Penis gilt, wird stark kontrolliert. Nur durch den gegenseitigen Verzicht der islamischen Brüder auf die verbotene sexuelle Berührung gegenüber den Schwestern in der Öffentlichkeit bleibt die schiitisch-iranische Ordnung und Kultur entsprechend dem Realitätsprinzip erhalten. Der gegeseitige Respekt, die gegenseitige Anerkennung der islamischen Brüder, soweit sie sich dem ödipalen Verbot unterwerfen, bindet sie zu einer Körperschaft, die ihre Energie - vom triebtheoretischen Gesichtspunk aus betrachtet - aus den verdrängten bzw. umgewandelten homosexuellen Triebregung der Brüder zueinander bezieht und als unbewußte Vorstellung das Phantasma der in der Kindheit erlebten Symbiose des Subjekts mit der Mutter darstellt. Die islamische Öffentlichkeit, die aufgrund des o.g. psychologischen Sachverhalts ihre dementsprechend disponierten Mitglieder aufnimmt und ihnen Geborgenheit anbietet, ist in dieser Hinsicht ein Ersatz für die Mutter, deren libidinöse Besetzung jedoch über die Anerkennung der andererseits als ödipalen Vater bzw. externalisiertes Über-Ich funktionierenden Instanz der islamischen Öffentlichkeit, die das schiitisch-iranische Subjekt beachtet und befürchtet, geschehen soll. Die Aufnahme des schiitisch-iranischen Gläubigen in die islamische Gemeinschaft bzw. seine Anerkennung in dieser Gemeinschaft verdrängt aus dem o.g. Grund seine Kastrationsangst.

Hinter dieser vom Realitätsprinzip der schiitischen Kultur herrührenden sexuellen Enthaltsamkeit der islamischen Brüder steckt jedoch der auf dem Lustprinzip beruhende ödipale Wunsch, die Frauen der anderen Brüder sexuell zu besetzen und so die anderen Brüder zu kastrieren. Geht es einerseits unter der Herrschaft des Realitätsprinzips darum, die kulturelle Ordnung zu bewahren, indem man die Frauen bedeckt und sich ein Schauverbot auferlegt, geht es andererseits - vom Gesichtspunkt des Lustprinzips aus betrachtet - darum, mit den Brüdern in eine ödipale Rivalität zu treten.

In der iranischen Gesellschaft und der schiitischen Kultur, wo jede Art der sexuellen Berührung zwischen Mann und Frau durch die entsprechende Bedeckung der Frau bzw. die Geschlechtertrennung in der Öffentlichkeit verhindert und tabuisiert ist, bleibt als einzig mögliche sexuelle Berührung, da die Schaulust sich nicht in sublimierter Weise in andere Kräfte umwandeln kann und vor allem aufgrund ihrer überstarken Verdrängung, der starke Voyeurismus des Mannes. Bei dem fast zwangsneurotischen Voyeurismus des islamischen Mannes ist der Penis bzw. die genitale Besetzung durch die erotische Zone des Auge bzw. die Schaulust ersetzt. Sein Schautrieb penetriert jeden unabsichtlich entblößten Körperteil, der aus dem Schleier der Frau herausschaut.

Der Voyeurismus ist die Kehrseite des schon dargestellten Exhibitionismus des schiitisch-iranischen Gläubigen. Bei den beiden psychokulturellen Phänomenen handelt es sich um die Abwehr der Kastrationsangst des männlichen Subjekts. Bei dem Exhibitionismus als kulturellem Angebot[226] des schiitisch-iranischen Realitätsprinzips versucht es, seine nach dem islamischen Ideal strebende Männlichkeit, also unbewußt seinen phallischen Penis, vor dem an die Stelle des ödipalen Vaters gerückten, homosexuierten Doppelgängers zur Schau zu stellen, um so bei ihm die narzißtische Anerkennung als Besitzer des Penis zu erzielen. Bei dem vom Lustprinzip herrührenden, kulturfeindseligen, in der Öffentlichkeit zu versteckenden Voyeurismus des schiitisch-iranischen Subjekts geht es darum, ihm gegenüber die fremde Frau bzw. die eheliche Frau des islamischen Bruders als psychische Repräsentanz

[226] Daß das männliche Subjekt in dieser Kultur seinen verbotenen Exhibitionismus des Penis als „zielgehemmten Exhibitionismus", in der Form der islamisch-idealen Männlichkeit (*ghejrat*) darstellt, bezeichne ich als ein Kulturangebot, eine Möglichkeit, die ursprünglich verdrängte Exhibition als zielgehemmt erleben zu können.

für die inzestiöse Mutter sexuell zu besetzen, was die anale Penetration des Bruders als psychische Repräsentanz des ödipalen Vaters bzw. seine Kastration bedeutet.

Die kulturell erlaubte Exhibition des schiitisch-iranischen Subjekts ist ein Angebot der Kultur, die Kastrationsangst abzuwehren und als Mann anerkannt zu werden. Sein Voyeurismus ist die Folge der stark verpönten und verdrängten Schaulust der Kindheit, die zum großen Teil unsublimiert und im Freudschen Sinn[227] als Folge der Wiederkehr des Verdrängten nach der Pubertät, als noch einzig mögliche sexuelle Berührung (Kontakt) in der islamischen Öffentlichkeit an die Stelle des Penis tritt. Unter Berücksichtigung der ödipalen Phase des schiitisch-iranischen Subjekts, in der aufgrund der Ambivalenz nicht nur die homosexuelle Idealisierung gegenüber dem Vater bzw. seinem Penis, sondern auch die homosexuelle Rivalität des Sohnes mit ihm um den phallischen Penis als Symbol der Macht bzw. die Vorstellung des Sohnes von den gegenseitigen Kastrationsversuchen in Erscheinung tritt, ist sein Exhibitionismus wie sein Voyeurismus im Endergebnis auf seine Kastrationsangst zurückzuführen.

Im Falle eines vom Doppelgänger entdeckten Voyeurismus oder eines vor dem Doppelgänger nicht gelungenen Exhibitionismus des schiitisch-iranischen Mannes werden bei diesem die Scham und, da sie gegen die islamische Ideal-Vorstellung von männlicher Identität verstoßen bzw. die Idealverletzung in dieser Hinsicht hervorrufen, das Minderwertigkeitsgefühl der Kastration ausgelöst.

Da sich die Kastrationsangst des islamischen Mannes als ein wichtiges psychisches Motiv der kulturellen Geschlechtertrennung und der Bedeckung der Frau bzw. als das psychische Motiv der männlich-islamischen Idealbildung in der schiitisch-iranischen Sozialisation und Kultur herausstellt, sind die infolge des Sichtbarwerdens der zu versteckenden Haltung reaktivierte Scham und das infolge der Idealverletzung hervorgerufene Minderwertigkeitsgefühl die wichtigsten Gefühle, die wahrscheinlich den psychischen Dispositionen im narzißtischen Bereich und des Selbstwertgefühls und der Identitätsprobleme zugrunde liegen. Solange jedoch die Abwehrmechanismen der

[227] Hierzu vergl.: S. Freud, „Der Mann Moses und die monotheistische Religion"(1939), ich meine hier die von ihm hervorgehobenen allgemeinen Bedingungen für die Wiederkehr des Verdrängten (z.B. Verstärkung des Triebstoßes in der Pubertät)

Kastration des Subjekts im Rahmen dieser Kultur intakt bleiben, d.h. solange die Exhibition des Subjekts in der islamischen Öffentlichkeit und vor dem Doppelgänger die narzißtische Anerkennung (Befriedigung) der männlichen Identität erfolgreich einbeziehen kann, solange der verpönte, auf dem Lustprinzip beruhende Voyeurismus nicht entdeckt wird, bleiben die Scham und das Minderwertigkeitsgefühl des Subjekts von seinem Bewußtsein fern.

Der schiitisch-iranische Mann wehrt sein von der Kastration stammendes Minderwertigkeitsgefühl ab, indem er mit seinem kulturfeindseligen Voyeurismus, herausfordernd gegenüber dem ödipalen Vater seine Vollkommenheit und sein Unkastriertsein unter Beweis stellend aufdringlich seine Schaulust, die als Ersatz des Penis gilt, gegen die fremden Frauen richtet. Da er jedoch - vom Gesichtspunkt des Realitätsprinzips aus betrachtet - nie das Ideal erreicht, genauso wie der Vater zu sein, bleibt er ein Kulturträger und zeigt sich in der islamischen Öffentlichkeit als frommer Moslem und guter Beschützer seiner eigenen Frau, als ein vom ödipalen Vater anerkannter, ihm gegenüber jedoch stets untergeordneter Besitzer des Phallus. In dieser seiner niedrigen Rangordnung kann er mindestens die Gefahr bannen, sein Selbst zu verlieren.

3.7 Nachtrag

Wie schon von mir in der vorliegenden Arbeit darauf hingewiesen wurde, hat G. Devereux, bezugnehmend auf die Ansichten von Lévi-Strauss über „Verwandtschaft", „Inzesttabu" und „Frauentausch", diese Phänomene in seiner Ethnopsychoanalyse anhand des psychoanalytischen Materials interpretiert und dabei die „Homosexualität", „Feminisierung" und „Kastration" des Mannes anschaulich dargestellt. Ich denke, daß seine Ansichten über diese Phänomene die ähnlichen, von mir in Bezug auf die schiitisch-iranische Kultur dargestellten Phänomene, bestätigen und zu ihrem Verständnis beitragen. Ein kleiner Exkurs an dieser Stelle sollte sie in ihren wichtigen Gesichtspunkten darlegen.

In einem Fall stellt G. Devereux fest, daß sein Klient aufgrund der „homosexuellen Angst" vor dem Freund, mit dessen Schwester er geschlafen hat, träumt, daß sein Freund das Recht bekommt, mit ihm Geschlechtsverkehr zu haben, um die „Rechnüng zu begleichen". Der Klient träumt, daß er ihm nicht nur ersatzweise für seine Frau, sondern anstelle von ihm selbst vorschlägt: *Ich habe mit seiner Schwester geschlafen .... er wird mit meiner schlafen.*[228] Devereux interpretiert die Gedanken des Klienten so, daß dieser einerseits akzeptiert, daß sich der Freund seiner Schwester gegenüber das Recht nimmt, das sich der Klient dessen Schwester gegenüber genommen hat. Auf diese Weise verpflichtete der Klient, so Devereux, den Freund, sein Begehren von seiner Frau weg und auf seine Schwester hin zu lenken. Andererseits wehrt er so seine homosexuelle Angst vor dem Freund ab, denn:

> *eine Frau mit einem anderen Mann zu teilen, stellt eine (symbolische) homosexuelle Beziehung mit dem Nebenbuhler dar, die vermittelt über die Frau und in heterosexueller Verkleidung statt hat.*[229]

Es ist m.E. eine wichtige Erkenntnis, daß die unbewußte homosexuelle Beziehung zwischen Männern in der „heterosexuellen Verkleidung" stattfinden kann.

Bei der ödipalen Konstellation dieses Klienten stellen sich folgende Punkte heraus: 1. die psychologische Äquivalenz von Mutter und Gattin, 2. das Gefühl des Triumphs über seinen Vater während des ödipalen Konflikts, 3. das ganz bewußte Gefühl, daß er seinem Vater eine heterosexuelle Entschädigung schuldig ist, da er ihm seine Frau „geraubt" hätte, und 4. glaubt der Patient umgekehrt, sein Vater schulde ihm eine homosexuelle Revanche, weil er ihn feminisiert und homosexuell „angegriffen" hätte. G. Devereux stellt zu diesem 4. Punkt noch allgemein fest:

> *daß der phantasierte homosexuelle Sieg über den Vater ein unentbehrliches Stadium bei der Auflösung oder Sublimierung des Ödipuskomplexes des Knaben ist.*[230]

Auch diese Ansicht möchte ich hier besonders hervorheben, da sie bei meinem Versuch, das Schamgefühl des schiitisch-iranischen Mannes zu beschreiben, eine wichtige Rolle gespielt hat.

---

[228] G. Devereux, „Ethnopsychoanalyse", S.180, 1978
[229] G. Devereux, S.183, 1978
[230] G. Devereux, S.182, 1978

Die Analyse des Traums und der Assoziation des Patienten bestätigt, so Devereux, vollkommen, daß es sich auf der bewußten Ebene fast um Frauentausch handelt:

> *ich gebe dir meine Schwester, damit du mir deine gibst.*[231]

Auf der weniger bewußten Ebene gibt es, so Devereux, eine Bedeutungsveränderung; hier heißt es:

> *Indem ich mit deiner Schwester schlief, habe ich dich entehrt; also muß ich erdulden, meinerseits entehrt zu werden, indem du mit meiner Schwester schläfst. ....*
> *Die Frau ist also nicht die allein „Geschändigte": ihr Bruder, ihr Vater, ihr Gatte sind möglicherweise noch mehr „geschändigt". Koitiert zu werden, schändigt die Ehre der Frau, aber noch mehr und vor allem die der Männer ihrer Familie. ... Mit einer Frau zu schlafen heißt, mit ihrem Mann, Vater oder ihren Brüdern zu schlafen; es bedeutet, sie zu entwürdigen, zu kastrieren und zu feminisieren.*[232]

Lévi-Strauss folgend vertritt Devereux die Ansicht, daß sich der Mensch nur schwer mit Tausch abfinde. Er träumt davon, listig das Tauschgesetz zu hintergehen. Devereux will darin die „primärnarzißtische Haltung, die des Kindes, das empfängt, ohne irgendetwas zurückgeben zu müssen," erkennen.[233] Gegen diesen Narzißmus kämpfen, so Devereux, alle Kräfte der Gesellschaft. Es sei deshalb gesellschaftlich lobenswert, am Frauentausch teilzunehmen. Es sei rühmlicher, eine Frau zu verführen, noch besser: sie zu vergewaltigen, als sie im Tausch zu erhalten.

Nicht Demütigung der Frau durch den Koitus erklärt, so Devereux, die Schande der männlichen Familienmitglieder; im Gegenteil:

> *Die Frau demütigt mit ihrem Verhalten ihre Männer.*[234]

---

[231] G. Devereux, S.183, 1978
[232] G. Devereux, S.184, 1978
[233] Hierzu vergl.: G. Devereux, S.185, 1978
[234] G. Devereux, S.185, 1978

Worauf kann man die Demütigung zurückführen, die ein Mann empfindet, wenn ein anderer eine „seiner" Frauen verführt: man könnte dies auf mehreren Ebenen analysieren; dabei wäre, so Devereux, die nächstliegende die am wenigsten wichtige. Eine andere als Gegenleistung zu fordern, zeige darin seine Schwäche.

Devereux schreibt:

> *Die psychologische Potenz=Macht vorausgesetzt, fühlt sich der Mann, der unfähig ist, seine Frau zu verteidigen oder zu rächen oder eine Gegenleistung zu fordern, im gesellschaftlichen Zusammenhang herabgesetzt und gleichzeitig symbolisch kastriert und feminisiert.*[235]

[235] G. Devereux, S.187, 1978

Literatur

[Adorno, Th.W.] **Postscriptum**. (1966) Soziologische Schriften I, S.86–92 in: Gesammelte Schriften Band 8. Suhrkamp Verlag, Frankfurt am Main 1972

[Ders.] **Zum Verhältnis von Soziologie und Psychologie**. (1955) Soziol. Schriften I, S.43–85. in: Gesammelte Schriften Bd.8. Suhrkamp Verlag, Frankfurt/M 1972

[Ders.] **Dialektik der Aufklärung**. G.S.3 Suhrkamp Verlag, Frankfurt am Main 1981

[Al Ahmad, Djalal] *Gharbzadegi.* (persisch) (Westomanie). Teheran 1966

[Atabay, Cyrus] **Hafis Liebesgedichte**. (deutsch) Hamburg: Hoffmann & Campe 1965

[Al-Haidari, I.] **Zur Soziologie des schiitischen Chiliasmus**. Islamische Untersuchungen Bd.31, Klaus Schwarz Verlag, Berlin 1975

[Bailer, C.] **Pathologische Scham als Folge gestörter Individuation**. Eine Arbeit zum Erwerb der ordentlichen Mitgliedschaft in der DPV, Frankfurt/M. 1989

[Baraheni, R.] **Der Clan der Kanibalen**. Rogner & Bernhard GmbH & Co. Verlags KG, München 1979

[Bloch, E.] **Thomas Münzer als Theologe der Revolution**. Neudruck Frankfurt/M. 1972

[Ders.] **Ungleichzeitigkeit und Pflicht zu ihrer Dialektik.** (1932) in: **Erbschaft dieser Zeit.** Gesamtausgabe 4, Suhrkamp Verlag, Frankfurt/M. 1962

[Chasseguet-Smirgel, J.] **Das Ichideal, Psychoanalytischer Essay über die „Krankheit der Identität“.** Suhrkamp Verlag, Frankfurt am Main 1981

[Corbin, H.] *Phalsaph-e eslam.* (pers.) (Historie de la philosophie islamique) Paris: Gallimard, Teheran 1983

[Devereux, G.] **Ethnopsychoanalyse.** Suhrkamp Verlag, Frankfurt/M. 1978

[Djohari, H.] **Die Familie als Hintergrund der Fehlentwicklung bei Kindern und Jugendlichen. Überlegungen zu störungsauslösenden Aspekten der Familiensozialisation am Beispiel der iranischen Familie.** (Diss.) Berlin, 1982

[Engels, F.] **Der Ursprung der Familie, des Privateigentums und des Staates.** MEW 21. Berlin 1962

[Erdheim, M.] **Die gesellschaftliche Produktion von Unbewußtheit.** Suhrkamp Verlag, Frankfurt/M. 1982

[El Saadawi, Nawal] **Tschador. Frauen im Islam.** CON, 1980

[Fanon, F.] **Aspekte der algerischen Revolution.** Suhrkamp Verlag, Frankfurt/M. 1969

[Ferdusi, A.] *Schahname.* (pers.) (Buch der Könige) (935/36-1020), Teheran 1967

[Freud, S.] **Entwurf einer Psychologie**. (1895) in: Aus den Anfängen der Psychoanalyse 1887-1902. Sigmund Freud. Briefe an Wilhelm Fließ, S. Fischer-Verlag, Frankfurt/M.

[Ders.] **Traumdeutung**. (1900–1901) G.W. I und II

[Ders.] **Drei Abhandlungen zur Sexualtheorie**. (1905) G.W. V

[Ders.] **Der Witz und seine Beziehung zum Unbewußten**. (1905) G.W. VI

[Ders.] **Die kulturelle Sexualmoral und die moderne Nervosität**. (1908) G.W. VII

[Ders.] **Eine Kindheitserinnerung des Leonardo da Vinci**. (1910) G.W. VIII

[Ders.] **Psychoanalytische Bemerkungen über einen autobiographisch beschriebenen Fall von Paranoia (Dementia paranoides)**. (1911) G.W. VIII

[Ders.] **Totem und Tabu**. (1912) G.W. IX

[Ders.] **Zur Geschichte der psychoanalytischen Bewegung**. (1914) G.W. X

[Ders.] **Zur Einführung des Narzißmus**. (1914) G.W. X

[Ders.] **Trieb und Triebschicksale**.(1915) G.W. X

[Ders.] **Zeitgemäß über Krieg und Tod**. (1915) G.W. X

[Ders.] **Trauer und Melancholie**. (1917) G.W. X

[Ders.] **Wunscherfüllung**. In: **Vorlesungen zur Einführung in die Psychoanalyse**. (1916-1917) G.W. XI

[Ders.] **Jenseits des Lustprinzips**. (1920) G.W. XIII

[Ders.] **Massenpsychologie und Ich-Analyse**. (1921) G.W. XIII

[Ders.] **Das Ich und das Es**. (1923) G.W. XIII

[Ders.] **Die infantile Genitalorganisation**. (1923) G.W. XIII

[Ders.] **Der Untergang des Ödipuskomplexes**. (1924) G.W. XIII

[Ders.] **Kurzer Abriß der Psychoanalyse**. (1924) G.W. XIII

[Ders.] **Die Verneinung**. (1925) G.W. XIV

[Ders.] **Einige psychische Folgen des anatomischen Geschlechtsunterschiedes**. (1925) G.W. XIV

[Ders.] **Die Zukunft einer Illusion**. (1927) G.W. XIV

[Ders.] **Der Humor**. (1927) G.W. XIV

[Ders.] **Das Unbehagen in der Kultur**. (1929) G.W. XIV

[Ders.] **Warum Krieg**. (1933) G.W. XVI

[Ders.] **Nachschrift (zur Selbstdarstellung) 1935**. (1936) G.W. XVI

[Ders.] **Abriß der Psychoanalyse**. (1938) G.W. XVII

[Ders.] **Der Mann Moses und die monotheistische Religion**. (1939) G.W. XVI

[Galenson, E.] **Preodipal Develoment of Boys.** (1978) Neuport Beach: Galaxy, audiotape, zitiert von C. Bailer ebenda. bzw. von Amsterdam und Levitt

[Hartmann, H.] **Ich-Psychologie. Studien zur psychoanalytischen Theorie.** (1950) Klett-Verlag Stuttgart 1972

[H., H. und Loewenstein, R.M.] **Notes on the Superego. The Psychoanalytic Study of the Child.** New York: International Universities Press (1962), zitiert von E. Jacobson ebenda

[Hansen, K.H.] **Die Krone im Schahname.** in : Der Islam 31/1954, S.1-16, zitiert von Khaleghi Motlagh ebenda

[Henning, M.] **Der Koran.** (Deutsche Übersetzung) Reclam 1981

[Jacobson, E.] **Das Selbst und die Welt der Objekte.** (1964) suhrkamp taschenbuch wissenschaft 242, Frankfurt/M. 1978

[Jafrie, H.M.] **Origins and Early Development of Shi'a Islam.** London, New York 1979

[Kasravi, A.] *Schiegari.* (pers.) (Schiismus). Teheran 1945

[Ders.] *Tarikh-e maschrute-e iran.* (pers.) (Die Geschichte des Konstitutionalismus Irans). Teheran 1965

[Khaleghi Motlagh, Dj.] **Frauen im Schahname.** Klaus Schwarz Verlag, Berlin 1977

[Khomeini, R. (Gr.Ayath.)] *Walayat-e faghih hokumat-e eslami.* (pers.) (Rechtsgelehrtenherrschaft islamische Regierung), Teheran 1978

[Ders.] *Touzih ul-masael.* (pers.) (Erklärung der Probleme), Qom 1964

[Ders.] *Kaschf ul-asrar.* (pers.) (Schlüssel zu den Geheimnissen), Teheran 1980

[Kinston, W.A.] **A Theoretical Approach to Narcissistic Disturbance.** (1980) in: Journal Psychoanal. 61, 383-394, zitiert von C. Bailer, ebenda.

[Ders.] **A Theoretical Context for Shame.** (1983) in: Intern. Journal Psychoanal. 64, 213–226, zitiert von C. Bailer ebenda.

[Kohut, H.] **Narzißmus. Eine Theorie der psychoanalytischen Behandlung narzißtischer Persönlichkeitsstörung.** New York 1971 suhrkamp taschenbuch wissenschaft 157, Frankfurt/M. 1979

[Laurin, C.] **Phallus et sexualité féminine.** in: La Psychoanalyse, VII, Paris. P.U.F., 1964, 15

[Le Bon, G.] **Psychologie der Massen** (1895) Alfred Kröner Verlag, Stuttgart 1950

[Lévi-Strauss, C.] **Strukturelle Anthropologie.** Suhrkamp Verlag, Frankfurt/M. 1971

[Lichtenstein, H.] **The Role of Narcissism in the Emergence and Maintenance of a Primary Identity.** (1964) in: Intern. Journal Psychoanal. 45, 49–56, zitiert von C. Bailer, ebenda.

[Lommel, H.] **Die Religion Zarathustras.** Georg Olms Verlag, Hildesheim 1971

[Lorenzer, A.] **Psychoanalyse als Strukturanalyse und die Produktion subjektiver Struktur.**

in: Die Wahrheit der psychoanalytischen Erkenntnis, suhrkamp taschenbuch wissenschaft Frankfurt/M. 1976

[Lynd, H.M.] **On Shame and the Search for Identity.** (1958) New York: Harcourt, zitiert von C. Bailer, ebenda.

[Madjlesi, Mollah M.B.] *Hellijet ul-motaghin.* (pers.) (Ausschmückung der Frommen) (16.Jh.n.Chr.), zitiert von Shafa, S. ebenda.

[Malinowski, B.] **Die Dynamik des Kulturwandels.** (1946) Humboldt-Verlag, Berlin 1951

[Ders.] **The Dynamik of Contemporary Difusion.** in: Intern. Congress of Anthropolical and Ethnological Sciences, Kopenhagen 1939

[Marcuse, H.] **Triebstruktur und Gesellschaft.** (1959) Bibliothek Suhrkamp 1984

[Marx, K.] **Die Methode der politischen Ökonomie.** 631–642, in: Zur Kritik der politischen Ökonomie, MEW 13, Berlin 1961

[McDougall, J.] **Le spectateur anonyme. Le complex d'Œdipe et la structure perverse.** in: Inconsicient, 6, S. 39–58, 1968, zitiert von Ch.-Smirgel, ebenda.

[Ders.] **Scène primitive et scénario pervers.** in: La sexualitè perverse, Paris, Payot, 1972, zitiert von Ch.-Smirgel, ebenda.

[Mirfetros, A.] *Eslamschenasi.* (pers.) (Islamologie) Teheran, 1979

[Mitscherlich, A.] **Massenpsychologie ohne Ressentiment.** Suhrkamp Verlag, Frankfurt/M. 1972

[Ders.] **Das soziale und das persönliche Ich.** in: Kölner Zeitschrift für Soziologie und Sozialpsychologie 18 (1966)

[(Molana) Dj.-Al-Din M.] *Masnawi-e ma' nawi.* (pers.) (1207–1273) Teheran 1941

[Motahari, M.] **Das Thema hijab.** Islamische Republik Iran, Seminar für die Renaissance des islamischen Denkens, 1982

[Müller-Braunschweig, C.] **Analyse eines Idealtypes des Gottesglaubens.** (1930) in: Psychoanalyse und Religion, Wissenschaftliche Buchgesellschaft, Darmstadt 1977

[Nietzsche, F.] **Jenseits von Gut und Böse.** (1886–1887) Nietzsche Werke, Kritische Gesamtausgabe, Walter de Gruyter & Co, Berlin 1968

[Ders.] **Der Ursprung unseres Begriffs „Erkenntnis“.** in: Die fröhliche Wissenschaft, insel taschenbuch 635, 1982

[Parin, G.] **Die Weissen denken zu viel.** Kindler, München 1972

[Ders.] **Das Mikroskop der vergleichenden Psychoanalyse und die Makrosozietät.** in: Widerspruch im Subjekt, Syndikat 1978

[Petrushewski, I.P.] *Eslam dar Iran.* (pers.) (Islam im Iran) Teheran 1975

[Piers, G. and Singer, N.S.] **Shame and Guilt. A psychoanalytic and culture study.** (1953) Springfield: Thomas, zitiert von C. Bailer ebenda

[Rank, O.] **Der Mythos von der Geburt der Helden. Versuch einer psychoanalytischen Mythendeutung.** (1909) in: Schriften zur angewandten Seelenkunde, fünftes Heft, Leipzig und Wien (129, 193, 195)

[Sandler, J.] Zum Begriff des Über-Ichs. in: Zeitschrift Psyche Bd. 46 (1964), S. 721-743 u. S. 812-828

[Šaraf ad-din, A.H.] *Al-mağalis al-fahria.* (arabisch) (Die ruhevolle mağlis tazia) Nağaf 1967

[Schülein, J.A.] **Das Gesellschaftsbild der Freudschen Theorie.** Campus, Frankfurt/M 1975

[Shafa, S.] *Touzih ul-masael.* (pers.) (Erklärung der Probleme) Paris 1983

[Taheri, A.] **Chomeini.** Hoffmann und Campe, Hamburg 1985

[Tibi, B.] **Religionsstiftung, Islam und Psychoanalyse.** in: Zeitschrift Psyche, Bd. 33 (1979), H.8, S.773–783

[Ders.] **Die Krise des modernen Islam.** C.H. Beck, München 1981

[Vogt, R.] **Der Mythos. Versuch einer begrifflichen Annährung** in: Zeitschrift Psyche 9 September 1985

[Wallace, F.C.] **Religion. An Anthropological View.** New York 1966

[Walther, W.] **Die Frau im Islam.** W. Kohlhammer, Stuttgart 1980

[Wurmser, L.] **Das Problem der Scham.** in: Jahrbuch der Psychoanalyse 13, S. 11–36

[Ders.] **Die innere Grenze. Das Schamgefühl, ein Beitrag zur Überich-Analyse.** in: Jahrbuch der Psychoanalyse 17, S. 16–41 (1975)

[Ders.] **Die schwere Last von tausend unbarmherzigen Augen, Zur Psychoanalyse der Scham und der Schamkonflikte.** in: Forum der Psychoanalyse 2, S. 89–97

[Zagermann, P.] **Ichideal Sublimierung Narzißmus.** Wissenschaftliche Buchgesellschaft, Darmstadt 1985

FSC
www.fsc.org
MIX
Papier | Fördert
gute Waldnutzung
FSC® C083411

Kolibri 360 GmbH
Ferdinand-Jühlke-Straße 7
99095 Erfurt, Deutschland
produktsicherheit@kolibri360.de